SCHACH

für Kinder

Das geniale Schachbuch für Anfänger –
Spielend leicht Schach lernen von A bis Z
+inkl. Grundlagen, Techniken & Strategien!

Dominik Springer

Originale Erstauflage

Lektorat: Matthias Kramer
Druck/Auslieferung: WirmachenDruck

Impressum:
Eulogia Verlags GmbH
Gänsemarkt 43
20354 Hamburg
Deutschland

ISBN 978-3-96967-062-0

Wir wünschen viel Vergnügen beim Lesen!

SCHACH

für Kinder

EULOGIA
VERLAG

Inhaltverzeichnis

1

Warum Schach dein Leben verändern und wie dieses Buch dir dabei helfen wird

Schach – ist das nicht eigentlich ein Spiel für alte, verstaubte Männer? Oder für Streber, die nichts besseres zu tun haben?

Vielleicht verdrehst du die Augen, weil deine Eltern es gut fänden, wenn du Schach spielen könntest und dir dieses Buch gekauft haben, damit du die Grundregeln erlernen kannst und du hast schrecklich große Angst, dass das ein ödes und langweiliges Unterfangen werden könnte.

Ich kann dich auf jeden Fall beruhigen. So ist es wirklich nicht!

Schach ist ein extrem cooles Spiel für clevere Köpfe. Schach wird seit Jahrhunderten weltweit gespielt und das aus gutem Grund!

Schach ist nicht langweilig. Schach ist nicht öde und Schach ist auch nichts für die komischen Streber, mit denen keiner etwas zu tun haben möchte.

Wir werden in diesem Buch gemeinsam auf eine Reise durch die Welt des Schachspiels gehen und ich verspreche dir hoch und heilig, dass es weder langweilig noch kompliziert wird.

Wenn du dieses Buch komplett durchgelesen hast, wirst du nicht nur die Regeln des Schachspiels komplett verstanden haben, sondern auch jede Menge nützliche Informationen drumherum erhalten haben. Einige der Dinge, die du erfahren wirst, kannst du gut nutzen, um andere Leute zu beeindrucken und besonders clever zu erscheinen.

Fangen wir aber damit an, wieso du Schach lernen solltest:

Schach ist Gehirnjogging!

Wenn du regelmäßig Schach spielst, wirst du davon klüger und deine Fähigkeiten im logischen Denken werden sich merklich verbessern – und das ohne langweilige Matheübungen oder Rätsel. Du wirst merken, wie sich deine Fähigkeit, Dinge zu analysieren, nach und nach verbessert und du wirst feststellen, dass du schneller und gründlicher denken kannst.

Schach ist universell!

Menschen in allen Kulturen, überall auf der Welt spielen schon seit Jahrhunderten Schach. Egal wo du hinkommst, du wirst garantiert immer jemanden finden können, mit dem du deine Kräfte auf dem Spielbrett messen kannst. Irgendwie ist es doch auch ziemlich cool, etwas zu können, das dich mit Millionen, wenn nicht sogar Milliarden Menschen auf der Welt verbindet, oder?

Schach macht glücklich!

Du wirst schnell merken, dass es dich glücklich machen wird, Schach zu spielen. Das Glücksgefühl, das sich nach einer gewonnenen Partie einstellt, ist riesig. Außerdem wirst du beim Schach viele neue Menschen kennen lernen.

Schach ist modern!

Zwar wirst du wahrscheinlich häufig an einem Schachbrett sitzen und deinem Gegner in die Augen schauen können, trotzdem hat sich auch Schach in den letzten Jahren enorm weiterentwickelt. Du hast die Möglichkeit, im Internet mit Millionen anderer Menschen zu jeder Zeit Schach zu spielen. Das ist eine wirklich coole Sache, denn du wirst so Teil einer globalen Bewegung.

Schach macht kreativ!

Wenn du regelmäßig Schach spielst, wird das dazu führen, dass deine kreativen Fähigkeiten wachsen werden. Wenn du dich sonst in deiner Freizeit mit Kunst, Musik oder Literatur beschäftigst, ist das ein Vorteil, der nicht von der Hand zu weisen ist. Deine Talente in diesen Bereichen werden ganz automatisch gefördert.

Schach ist ein besonderes Spiel!

Schach hat viele Eigenarten und Besonderheiten, die wirklich nur dieses Spiel hat. Wusstest du zum Beispiel, dass Schach das einzige Spiel ist, bei dem Glück keine Rolle spielt? Bei jedem anderen Spiel, sei es Mensch ärgere dich nicht oder Monopoly, bist du in irgendeiner Form vom Glück abhängig – auch bei Kartenspielen und anderen Strategiespielen.

Schach hingegen lebt ganz allein von deinem strategischen Denken und deinem Können. Du hast den Spielverlauf selbst in der Hand und bist nicht vom Würfelglück oder den ausgegebenen Karten abhängig.

Schach hat Klasse und schindet Eindruck!

Okay, dieser Punkt ist eher etwas für kleine Angeber. Aber geben wir nicht alle ab und zu mal an?

Wenn du Schach spielen kannst, zeigst du anderen Leuten damit, dass du clever bist und dich für viele Dinge interessierst. Du kannst damit wirklich viel Eindruck schinden und auch deine Freunde mächtig beeindrucken.

Bist du bereit, alles rund ums Thema Schach zu lernen?

Dann bist du auf jeden Fall mit diesem Buch richtig. Ich werde dir alles Schritt für Schritt erklären.

Ich habe mir Mühe gegeben, alles so verständlich wie möglich zu beschreiben und dir spannend zu weiterzugeben.

Ich verspreche dir, du wirst jede Menge Spaß haben und es wird keine einzige Frage offen bleiben. Du wirst alles rund um das Thema Schach erfahren, spannende Details und Fakten, die Geschichte des Schachspiels und sogar geheime Tricks und Kniffe.

Wollen wir anfangen? Dann nichts wie los!

2

Die Geschichte des Schachspiels – von Weisen und Königen

Wo und wann genau Schach entstanden ist – eine Spurensuche

Schach ist wirklich ein uraltes Spiel. Um die Entstehungsgeschichte ranken sich viele Mythen und Legenden und zu hundert Prozent weiß niemand ganz genau, wer Schach erfunden hat.

Dennoch möchte ich mich mit dir auf eine Spurensuche zu den Wurzeln und Anfängen des Schachspiels begeben und mit dir gemeinsam herausfinden, weshalb Schach so berühmt wurde und sich auf der gesamten Welt verbreitet hat.

Komm mit mir auf eine spannende Zeitreise rund um die Welt!

Das Schachspiel als Schmelztiegel der Kulturen

Was wir auf jeden Fall wissen, ist, dass das Schachspiel nicht von einer einzigen Person erfunden wurde, sondern eine Art Gemeinschaftsarbeit von unglaublich vielen Einflüssen ist. Schach, wie wir es heute kennen, besteht aus unzähligen verschiedenen Elementen aus unterschiedlichen Kulturen, Zeiten und Sprachräumen. Schach ist quasi ein Schmelztiegel verschiedenster Einflüsse.

Es gibt Vermutungen, dass Schach auf zwei mehr als dreitausend Jahre alte Spiele aus China, dem Xiangqi und dem Liubo, beruht. Das ist aber nur eine Spekulation und kann nicht bewiesen werden.

Dann gibt es noch verschiedenste Mythen und Legenden, die sich um die Erfindung des Schachspiels ranken, aber eher in das Reich der Märchen und Sagen gehören (wenn dich das brennend interessiert, schlage im sechsten Kapitel nach, in welchem es um die Weizenkornlegende geht).

Die heutige Forschung geht davon aus, dass das Schachspiel, wie wir es kennen, ursprünglich in Indien entwickelt wurde. Als Zeitpunkt der Entstehung wird vom 6. Jahrhundert nach Christus ausgegangen, das ist schon unglaubliche 1.500 Jahre her – ein Zeitraum, den man sich kaum vorstellen kann.

Das indische Ashtāpada als ein Vorläufer des Schachspiels

Bei archäologischen Ausgrabungen in Indien findet man seit den 1940er Jahren immer wieder kleine Tonfiguren, die zwischen fünf und 15 Zentimeter groß sind. Die Figuren sind wie Krieger, Pferde, Elefanten und Streitwagen geformt und an verschiedenen Ausgrabungsstellen immer wieder ähnlich. Die Figuren können mit ein bisschen Fantasie an die heutigen Schachfiguren erinnern und sind ungefähr 1.500 Jahre alt.

Auch das Spielfeld, auf dem mit ihnen gespielt wurde, das „Ashtāpada Brett“ sieht dem heutigen Schachbrett relativ ähnlich: Es hat 64 Quadratische Felder, über die die Figuren bewegt wurden.

Auf diesem Spielfeld konnten die Spieler dann verschiedene Schlachten nachstellen, was hauptsächlich von Offizieren und anderen Angehörigen des Militärs genutzt wurde.

Das Chaturanga geht immer mehr in Richtung des modernen Schachs

Aus diesem Spiel entwickelte sich dann das sogenannte „Chaturanga".

Chaturanga ist ein Wort aus einem alten indischen Dialekt und bedeutet auf Deutsch „vier Elemente", weil vier verschiedene Abteilungen (auch Divisionen genannt) des damaligen Militärs dargestellt wurden, und zwar die Infanterie (Fußsoldaten), die Kavallerie (Reiter auf Pferden), Kriegselefanten (ja, sowas gab es wirklich!) und Streitwagen.

Viele Historiker und Archäologen streiten heute noch, ob die modernen Schachfiguren direkt auf den verschiedenen Elementen des Chaturanga beruhen oder nicht. Die Infanterie kann mit den Bauern verglichen werden, die Kavallerie mit den Springern und die Streitwagen sind den heutigen Türmen sehr ähnlich.

(Wenn du jetzt nur Bahnhof verstehst: Völlig okay! Ich werde dir im nächsten Kapitel ganz genau erklären, was es mit den unterschiedlichen Figuren auf dem Schachbrett auf sich hat.)

Die Figuren auf dem Chaturanga-Brett sind den heutigen Schachfiguren zwar ziemlich ähnlich, aber der Ablauf des Spiels ist doch bedeutend anders, als wir es gewohnt sind: Es haben zwei Teams gegeneinander gespielt und es wurde mit einem Würfel entschieden, welche Figur als nächstes bewegt werden musste.

Das ist bei „unserem" Schach komplett anders: Es gibt keinen Würfel, sondern jeder Spieler kann komplett frei entscheiden, welche Figur er oder sie wie setzt (natürlich innerhalb der Regeln) und in den meisten Fällen gibt es keine Teams, sondern zwei Spieler, die gegeneinander spielen.

Es gibt zwar Varianten des Schachspiels, bei denen Teams gegeneinander spielen (und die werde ich dir auch noch vorstellen), aber im klassischen Schachspiel spielt immer genau ein Spieler gegen genau einen anderen.

Das Chatrang in Persien – die nächste Entwicklungsstufe zum Schach

Die nächste Station in der Entwicklung des Schachspiels erreichen wir in Persien. Persien lag auf der Landkarte ungefähr dort, wo heute Iran liegt. Fahrende Händler und Soldaten aus Indien hatten das Chaturanga mit im Gepäck.

Die Perser passten das Spiel an ihre kulturellen Gewohnheiten an und entwickelten es weiter: Das Chatrang wurde aus der Taufe gehoben.

Das Chatrang ist unserem heutigen Schach schon deutlich ähnlicher: Es gab einen Shah (vergleichbar mit dem König), der angegriffen wurde und aus dem sich das Schachgebot entwickelt hat (wenn der König im Schach steht, muss er sich zur Wehr setzen). Außerdem wurde ab jetzt nur noch zu zweit gespielt.

In Persien wurde Schach immer populärer und von den damaligen Herrschern als königliches Spiel bezeichnet. Schach wurde quasi zu DEM Spiel.

Schach in Arabien – Das Schatrandsch

Der nächste Halt unserer kleinen Weltreise ist Arabien. Dort wurde aus dem Chatrang das „Schatrandsch“ entwickelt.

Wie das gekommen ist? Ab dem 7. Jahrhundert nach Christus wollten die Araber ihre Gebiete vergrößern und zogen gegen die Perser in den Krieg.

Kriege verursachen immer viel Leid auf beiden Seiten, haben aber einen bedeutenden Nebeneffekt: Sie sind eine Art Schmelztiegel der Kulturen.

Die Araber gewannen den Krieg und brachten als Nebeneffekt das Chatrang mit in die angestammten Gefilde.

In Arabien entbrannte eine Diskussion darüber, ob das (jetzt Schatrandsch genannte) Spiel verboten werden sollte, weil es die gläubigen Muslime von ihren religiösen Aufgaben ablenkte.

Das führte dazu, dass das erste Schachgesetz der Geschichte entstand: Schach wurde nur erlaubt, wenn nicht um Geld oder andere Einsätze gespielt wurde, wenn durch das Spiel keine Gebete verhindert wurden, wenn beim Spiel nicht geflucht wurde und wenn nicht auf öffentlichen Plätzen gespielt wurde.

Ähnliche Verbote und Regeln gab es immer wieder in der Geschichte des Schachspiels: Im 14. Jahrhundert verbot ein Bischof in Trier das Schachspiel komplett, weil er es als Sünde betrachtete.

Das Schachspiel kommt in Europa an – Viele Wege führen nach Rom

Aber wie ist das Schachspiel überhaupt nach Europa gekommen? Auch diese Entwicklung fand wieder über verschiedene Kriege statt. Aber nicht nur auf diesem Weg, sondern auch auf verschiedenen anderen Routen zeitgleich: Im 7. Jahrhundert entbrannte die sogenannte islamische Expansion, bei der die Araber ihre Kultur und Religion in viele Teile der Welt verbreiteten, vor allem in Nordafrika. Da zu dieser Zeit sehr viel Handel zwischen Nordafrika und dem heutigen Spanien getrieben wurde, schwappte das Schachspiel auch über die Meerenge von Gibraltar in unsere Kultur herüber.

Aus Spanien verbreitete sich das Schachspiel in einer rasanten Geschwindigkeit in ganz Europa, zuerst in Italien und Frankreich, dann in der Schweiz, in Skandinavien und dem heutigen Großbritannien. Schach wurde zu dieser Zeit vor allem von Mönchen und der adligen Oberschicht gespielt.

Ein lustiger Fakt am Rande: Im Mittelalter war es Männern verboten, sich allein mit unverheirateten Frauen zu treffen. Es musste immer mindestens eine sogenannte „Anstandsdame" dabei sein, die aufpassen sollte, dass nichts „Ungebührliches" passiert.

Erlaubt war es aber, sich mit einer unverheirateten Frau alleine zum Schach spielen zu treffen. Verrückt, oder?

Gut, dass wir Zeiten wie diese hinter uns gelassen haben…

Von Verständigungsproblemen und europäischen Sitten

Aber auch zu dieser Zeit war das Schachspiel noch nicht so aufgebaut, wie wir es heute kennen: Es gab keine einheitlichen Regeln und jedes Königreich (von denen es damals unglaublich viele gab!) und jeder Landstrich hatte seine eigenen Schachregeln.

Das machte das Spiel extrem kompliziert und vor jeder Partie mussten die Spieler sich erst einmal auf gemeinsame Regeln einigen. Dennoch kam es immer wieder zu Streitereien am Schachbrett und es existiert die ein oder andere Legende, dass sogar ganze Kriege angezettelt wurden, weil die Spieler sich wegen der Regeln in die Haare bekommen haben.

Die Entwicklung hin zum heutigen Schach wurde vor allem durch die Spanier und Italiener vorangetrieben, aber auch in Deutschland wurden Regeln entwickelt, die wir noch heute kennen, zum

Beispiel, dass Bauern sich in ihrem ersten Zug zwei Felder bewegen dürfen. Doch dazu später mehr.

Viele der damals eingeführten Regeln kennen wir heute jedoch nicht mehr: zum Beispiel, dass der König in seinem ersten Zug einfach über andere Figuren springen durfte, oder dass es zwei verschiedene Aufstellungen der Figuren am Anfang gab, zwischen denen die Spieler wählen durften.

Auch die Figuren wurden den europäischen Sitten und Gebräuchen angepasst: Der Elefant, den es im Schach immer noch gab, passte einfach nicht zu den hier vorherrschenden Gepflogenheiten und wurde ausgetauscht. Die Figur, die stattdessen eingesetzt wurde, war für die Franzosen der Narr, für die Italiener ein Fahnenträger, für die Briten ein Bischof und für die Deutschen ein Läufer, den es immer noch gibt.

Die große Regeländerung im 15. Jahrhundert – Wie die heutigen Schachregeln festgelegt wurden

Das Schachspiel wurde Ende des 15. Jahrhunderts noch einmal völlig auf den Kopf gestellt: Grund dafür war, dass die Realität auf den Schlachtfeldern, die durch das Schachspiel dargestellt werden soll, sich geändert hatte.

Früher war es üblich, dass Könige aktiv mit an der Front gekämpft haben und einen großen Teil zum Kriegsgeschehen beigetragen haben. Das hat sich mit dem Ende des Mittelalters aber geändert. Von nun an haben Könige sich eher im Hintergrund gehalten und das Geschehen auf dem Schlachtfeld nur aus der Ferne beobachtet.

Aus diesem Grund wurde die Beweglichkeit des Königs eingeschränkt: Er wurde zu einer schutzbedürftigen Person, die sich nicht mehr als einen Schritt in jede Richtung bewegen kann. Das ist auch bis heute so geblieben.

Bis zur großen Regeländerung konnten Läufer sich auch nur eine begrenzte Anzahl an Feldern in jede Richtung bewegen, auch das wurde geändert.

Vor der Regeländerung waren Damen auch noch nicht so wichtig und konnten sich nicht auf so viele Arten bewegen. Die Regeländerung hat dann aber dazu geführt, dass die Dame zur jeweils wichtigsten Spielfigur geworden ist. Als Grund dafür wird vermutet, dass die Verehrung der Jungfrau Maria Vorbild gewesen war.

Wie Schach immer mehr in der Gesellschaft ankam – Von Schachcafés und mehr

Bis weit in das 18. Jahrhundert hinein war Schach lediglich den Reichen und Adligen vorbehalten. Wer die Regeln kannte und ein Schachbrett besaß, zählte definitiv zur Oberschicht. Schach war eine Art Statussymbol: Man musste es sich überhaupt erst einmal leisten können, ein Schachbrett zu kaufen und die Zeit dafür aufbringen, Schach zu spielen. Die armen Menschen zu dieser Zeit haben den ganzen Tag gearbeitet und hätten für einen Zeitvertreib dieser Art gar keine Zeit gehabt.

Im 19. Jahrhundert änderte sich das nach und nach: Immer mehr Menschen hatten Zugang zu Bildung und auch Zeit, sich dem Schachspiel zu widmen. Vor allem in den großen Städten konnten sich Menschen (vorwiegend Männer) in den Cafés und Kneipen zum geselligen Schachspiel treffen. Ganz Europa war mit dem Schachvirus infiziert: In allen Städten – von London bis Lissabon und von Mailand bis Moskau – wurde immer mehr Schach gespielt.

Eine besondere Rolle nahmen dabei die sogenannten Schachcafés ein: Dort wurde den ganzen Tag Schach gespielt, die Regeln und Strategien erklärt und jeder konnte dort einen Spielpartner finden, mit dem er auf Augenhöhe und beliebig lange spielen konnte.

Die wichtigsten Persönlichkeiten der damaligen Zeit gingen in den Schachcafés ein und aus: Voltaire, Rousseau, Marx und Engels waren leidenschaftliche Schachspieler.

Das Schachcafé war DER Ort, um mit der angesehenen Gesellschaft in Kontakt zu kommen und ein absolut hipper Treff.

Schach war auch damals übrigens rein den Männern vorbehalten. Nur die allerwenigsten Frauen fanden zwischen Haushalt und Kindern überhaupt die Zeit, sich mit Schach zu beschäftigen. Und selbst wenn, waren sie häufig unerwünscht.

Schach kam immer mehr in der Mitte der Gesellschaft an und wurde über alle möglichen Kanäle verbreitet: So erschien zum Beispiel im Jahre 1936 in der französischen Hauptstadt Paris die erste Zeitschrift speziell zum Thema Schach. Immer mehr passionierte Schachspieler traten Schachclubs bei und kämpften gegen Konkurrenten aus anderen Vereinen und Clubs.

Dadurch, dass für viele Menschen die Eisenbahn immer erschwinglicher wurde und auch größere Strecken zurückgelegt werden konnten, fanden die ersten großen Schachturniere statt. Das erste offizielle internationale Großturnier im Schach wurde im Jahre 1851 in London ausgetragen: 16 Schachspieler aus vielen europäischen Ländern nahmen teil. Gewonnen hatte Adolf Anderssen, ein polnischer Mathelehrer.

Wann die erste offizielle Weltmeisterschaft im Schach stattfand und was du darüber wissen solltest

Die erste Veranstaltung, die wir mit Recht als „offizielle Sachweltmeisterschaft“ bezeichnen können, fand 1886 in den USA statt und bestand aus 20 Partien zwischen den beiden Schachspielern Johannes Hermann Zukertort und Wilhelm Steinitz, die als die damals besten Schachspieler der Welt galten.

In der letzten Partie benötigte Steinitz nur 19 Spielzüge, um zu gewinnen. Er war so gut, dass er seinen Weltmeistertitel sogar bis 1896 verteidigen konnte und ihn dann an den Deutschen Emanuel Lasker abgeben musste.

Aber wer genau war der erste Schachweltmeister?

Eigentlich das, was wir heute als „Underdog“ bezeichnen würden: Aus eher relativ einfachen Verhältnissen stammend, als neuntes von 13 Kindern und mit einer angeborenen Gehbehinderung hatte Steinitz es nicht besonders leicht im Leben.

Trotzdem hat er es mit seiner sehr hohen Intelligenz und Zielstrebigkeit bis ganz nach oben geschafft. Eigentlich eine Geschichte, die Mut macht, oder?

Schach ist nämlich ein Hobby, für das man nicht viel Geld braucht. Ein Schachspiel kannst du schon für wenige Euro kaufen und ansonsten brauchst du keine weitere Ausstattung. Da sind Hobbys wie Reiten oder Reisen deutlich teurer. Schach ist wirklich etwas für jeden!

Wie Schach heutzutage organisiert ist – Von Verbänden, Vereinen und wie du dich engagieren kannst

So ziemlich jeder Mensch kennt die FIFA, den Weltverband des Fußballs. Die FIFA ist für alle möglichen Belange des Fußballsports zuständig, organisiert Wettbewerbe, wie zum Beispiel die Fußball-WM, die alle vier Jahre stattfindet, kümmert sich um Regeländerungen, stellt Schiedsrichter und bildet sie aus und hat jede Menge anderer Aufgaben.

Genau so eine Organisation gibt es tatsächlich auch für das Schachspiel!

Der Internationale Schachverband ist die FIDE (das ist eine französische Abkürzung und steht für Fédération Internationale des Échecs, zu Deutsch also einfach Weltschachverband).

Die FIDE hat ihren Sitz in Lausanne in der Schweiz, hat das Motto „Gens una Sumus", was so viel bedeutet wie: „Wir sind eine Familie" und wurde 1924, also vor fast 100 Jahren, gegründet.

Genau wie die FIFA ist auch die FIDE dafür zuständig, Turniere wie die Weltmeisterschaft auszurichten, sich um die Einhaltung und Änderung von Regeln zu kümmern und alle Belange der Spieler zu vertreten.

Und genau wie die FIFA hat auch die FIDE Unterorganisationen wie die UEFA (der Europäische Fußballverband) und zwar die ECU, die Europäische Schachvereinigung.

Vielleicht bist du inzwischen genervt von meinen Vergleichen mit dem Fußball, aber ich habe noch einen weiteren auf Lager:

Du kennst ja sicherlich den DFB, den Deutschen Fußballbund, oder? Der ist für die Fußball-Bundesliga verantwortlich und der erste Ansprechpartner in Deutschland, wenn es um das Thema Fußball geht.

Diese Rolle übernimmt im Schach der Deutsche Schachbund (DSB), der fast 100.000 Mitglieder hat, die sich in mehr als 2.400 Schachvereinen und Schachclubs organisieren. Den DSB gibt es bereits seit fast 150 Jahren.

Der DSB organisiert für Deutschland zwei Bundesligen und ist auch dafür zuständig, dass sich immer mehr Menschen für Schach begeistern:

Es gibt ein extra durch den DSB entwickeltes Ausbildungssystem, das in drei Stufen abläuft, dem Bauerndiplom, dem Turmdiplom und dem Königsdiplom.

Wer das Bauerndiplom erhalten möchte, sollte sich mit den grundlegenden Schachregeln auskennen. Für das Turmdiplom braucht es dann schon etwas mehr Wissen und Können. Und wenn du das Königsdiplom bekommen möchtest, solltest du schon ziemlich weit fortgeschritten sein.

Aber vielleicht spornt dich das ja sogar an und motiviert dich dazu, dein Bestes zu geben?

Wenn du eines dieser Diplome erwerben möchtest, solltest du dich an den Schachverein oder Schachclub bei dir vor Ort wenden oder schauen, ob vielleicht bei dir in der Schule eine Schach-AG angeboten wird.

Beides sind auch gute Möglichkeiten, wenn du dich im Schach engagieren und auch an Turnieren teilnehmen möchtest. Du wirst auf jeden Fall auf viele Gleichgesinnte treffen und jede Menge spannende Erfahrungen sammeln können.

Wenn es bei dir an der Schule noch keine Schach-AG gibt, wäre es ja vielleicht eine Möglichkeit für dich, selbst eine zu gründen! Dabei wirst du definitiv jede Menge Verantwortung übernehmen und mit deinen Aufgaben wachsen.

Spaß machen wird das auf jeden Fall!

Ein anderes Thema, das in diesem Buch immer wieder einmal am Rande erwähnt wird und zur Organisation des Schachsports gehört, ist die ELO-Zahl. Die ELO-Zahl gibt Auskunft darüber, wie gut oder schlecht ein Schachspieler ist: Je besser der Spieler, desto höher die Zahl. Nach jeder Begegnung während eines Turniers, wird die aktuelle Zahl angepasst, der Spieler gewinnt oder verliert dann Punkte. Mit diesem System werden Spieler in neun verschiedene Klassen eingeteilt, je nachdem, wie gut sie sind.

Wie genau sich die Punkte berechnen, ist eine Wissenschaft für sich, für die die FIDE zuständig ist.

Ich wollte dir nur kurz erklären, was sich hinter der Abkürzung verbirgt, damit du den Begriff besser einordnen kannst.

Wie die endgültige Form der Schachfiguren festgelegt wurde – Das Staunton Design

Auch wenn sich die Regeln des Schachspiels seit der großen Regeländerung im 15. Jahrhundert nicht mehr grundlegend verändert haben, geschah doch eine umfassende Veränderung im Schach, und zwar die Optik der Figuren.

Auch wenn die Regeln des Schachspiels dann ziemlich endgültig festgelegt worden waren, gab es immer wieder Streit darum, wie die Figuren aussehen und welche Figur welche Funktion ausüben sollte.

Auf den meisten Schachbrettern konnten die verschiedenen Figuren auch nur anhand ihrer unterschiedlichen Größen auseinandergehalten werden.

Die damalige Schachwelt war sich einig: Es sollte ein weltweiter, gemeinsamer Standard geschaffen werden, der festlegen sollte, wie die Figuren auszusehen haben und der überall akzeptiert werden sollte.

In den 50er Jahren des 19. Jahrhunderts war es dann so weit: Der Hersteller von Spielfeldern und Spielfiguren Howard Staunton führte mit seiner Firma John Jacques and Son das sogenannte Staunton-Design ein.

Diese Form der Spielfiguren hat sich bis heute etabliert und ist aus der modernen Schachwelt nicht mehr wegzudenken.

Ob Howard Staunton aber wirklich der Designer der Figuren war, ist inzwischen umstritten. Auch anderen Herstellern wird heute nachgesagt, die heutige Form der Figuren, wie wir sie kennen, geschaffen zu haben, zum Beispiel Nathaniel Cook.

Zu einhundert Prozent lässt sich diese Frage wohl nicht mehr mit Sicherheit beantworten. Wie dem auch sei, wir können der Person sehr dankbar sein.

Aber was genau macht das Staunton-Design so erfolgreich und einzigartig? Auf der einen Seite sehen die Figuren einfach gut aus. Das kann man nicht abstreiten, oder? Ein Schachbrett mit den uns vertrauten Figuren ist einfach schön anzusehen.

Gleichzeitig sind die Figuren aber auch sehr praktisch und lassen sich gut einsetzen: Zu viele feine Details würden wahrscheinlich dafür sorgen, dass die Figuren sehr schnell kaputt gingen.

Das Staunton-Design ist also eine gute Mischung aus Optik und Nutzen.

Außerdem sind die Figuren international einsetzbar: Ob der heutige Läufer wirklich unser in Deutschland geprägter Läufer ist, oder für den Briten einen Bischof darstellt, lässt sich nicht erkennen. Auch hier wurden also mit dem Design jede Menge Streitpunkte aus dem Weg geschafft und gute Kompromisse zur Verständigung der verschiedenen Nationen gefunden. Praktisch, oder?

Ein anderer Punkt, der für das Staunton-Design spricht, ist die günstige Art und Weise, auf die die Figuren hergestellt werden können: Es gelang mit dem Design endlich, die Figuren mithilfe von Maschinen schnell und in Serie produzieren zu können. Die Figuren wurden dadurch deutlich günstiger und immer mehr Menschen konnten sich ein eigenes Schachspiel leisten, was vorher ein sehr teures Unterfangen war.

Wer weiß, ob das Schachspiel sich auch ohne das Staunton-Design so weit verbreitet hätte und von so vielen verschiedenen Menschen aus allen Gesellschaftsschichten über den gesamten Globus gespielt würde?

Eine sehr traurige Geschichte gibt es aber im Zusammenhang mit dem Staunton-Design auch: Während des Zweiten Weltkrieges wurde Großbritannien immer wieder von feindlichen Fliegerbomben heimgesucht. Das Werk, in dem die Schachfiguren hergestellt wurden, wurde dabei in Schutt und Asche gelegt. Die originalen Unterlagen und Zeichnungen zum Staunton-Design gingen dabei in Flammen auf und sind für immer verloren...

Wenn du heute ein Schachspiel kaufst, werden die Figuren aller Wahrscheinlichkeit nach im Staunton-Design gestaltet sein. Dennoch gab es auch jede Menge andere Formen von Schachfiguren, die heute bei Sammlern sehr begehrt sind. Wenn du dich für das Thema interessierst, kannst du ja zum Beispiel im Internet einmal nach der sogenannten Bundesform suchen. Das war quasi der absolute Standard in Deutschland, bevor es das Staunton-Design gab.

Auf jeden Fall eine sehr spannende Geschichte!

Im nächsten Kapitel wird es darum gehen, welche Figuren es auf dem Schachbrett überhaupt gibt, sei es im Staunton-Design oder in einer anderen Form, wie sie bewegt werden und was du sonst noch über sie wissen solltest.

Bist du bereit? Dann kann es ja losgehen!

3

Das Schachbrett und seine Bewohner – wie du den Dschungel der Figuren schnell durchschauen kannst

Wenn du das erste Mal ein Schachbrett vor dir stehen siehst, wirst du wahrscheinlich etwas überfordert sein: So viele verschiedene Figuren! Wie genau bewegt man diese und was hat es mit dem Muster auf dem Brett auf sich?

Keine Sorge, ich werde dir alles in Ruhe und ausführlich erklären.

Bist du bereit? Dann geht es los!

Wie das Schachbrett aufgebaut ist – eine erste Orientierung für Einsteiger

Es ist so weit, du siehst zum ersten Mal ganz bewusst ein Schachbrett vor dir. Gesehen hast du die karierten Spielfelder wahrscheinlich schon öfter, aber genau darauf geachtet hast du wohl noch nicht.

Fangen wir mit den absoluten Grundlagen an: Das Schachbrett besteht aus 64 abwechselnd dunklen und hellen Feldern, die quadratisch im Format acht mal acht angeordnet sind. Die Felder sind waagerecht in acht Reihen und senkrecht in acht Linien angeordnet.

An den Rändern des Schachbretts wirst du Buchstaben und Zahlen finden, von eins bis acht und von A bis H, die du benötigst, wenn du die Züge hinterher notieren möchtest (zum Beispiel: Springer auf D4).

Diese Schreibweise wird auch als Schachnotation bezeichnet.

Die erste Reihe vor jedem Spieler wird in der Schachsprache als Grundreihe bezeichnet.

Schachbretter gibt es in den verschiedensten Materialien zu kaufen: aus Holz, Kunststoff, Glas, Pappe oder auch Metall.

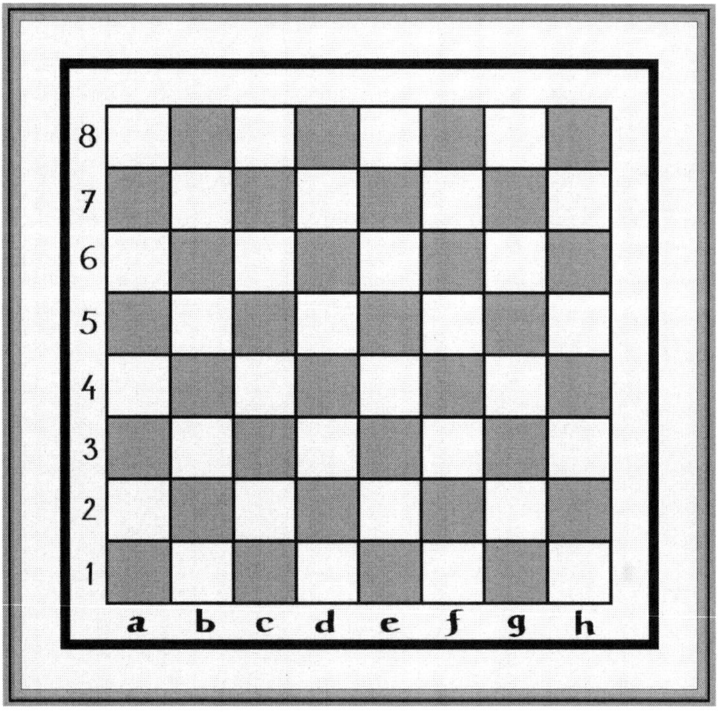

Darstellung – Standardschachbrett

Wenn du bisher kein Schachbrett zuhause hast, kannst du eines relativ günstig kaufen. Auch für gebrauchte Exemplare findest du viele gute Angebote. Vor allem als Einsteiger benötigst du definitiv kein teures Schachzubehör. Achte aber darauf, dass die Figuren gut in der Hand liegen und eine angenehme Größe haben. Mit zu kleinen Figuren macht es einfach keinen Spaß zu spielen.

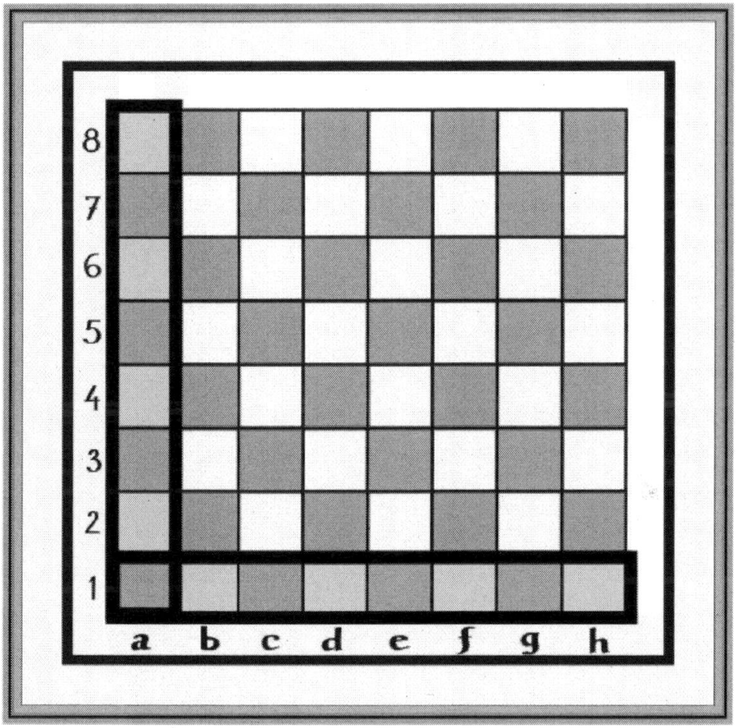

Darstellung – Basisreihen und -linien des Schachbretts

Welche Figuren gibt es überhaupt?

Auf den ersten Blick wirken die vielen Figuren bestimmt verwirrend auf dich. Aber keine Sorge: so geht es eigentlich jedem Einsteiger.

Beide Seiten haben die identischen Figuren, sie haben nur unterschiedliche Farben. Zu Beginn des Spiels hat jeder Spieler 16 Spielfiguren, die in zwei Reihen am Spielfeldrand direkt vor dem Spieler stehen.

Darstellung – Weiße Figuren

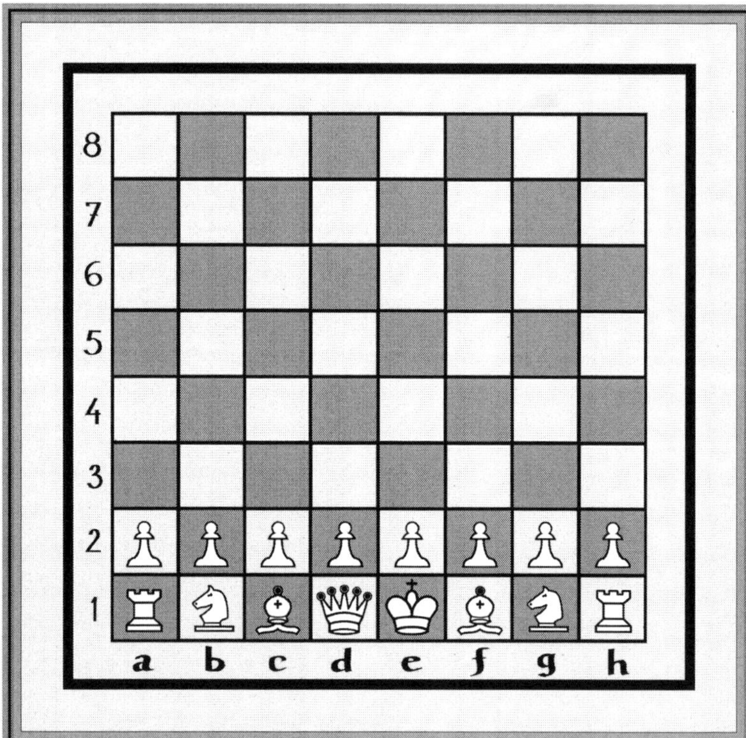

Darstellung – Position der weißen Figuren

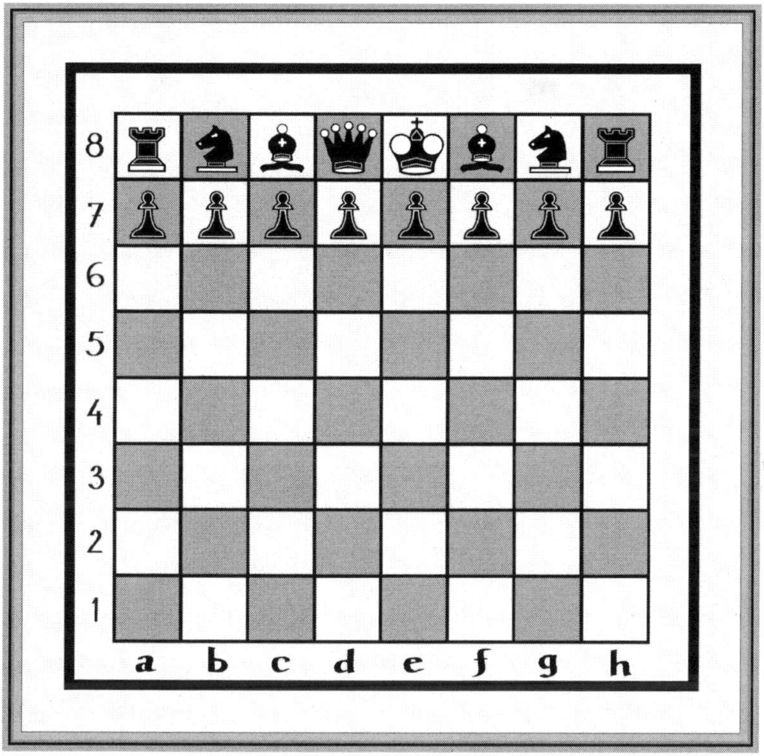

Darstellung – Position der schwarzen Figuren

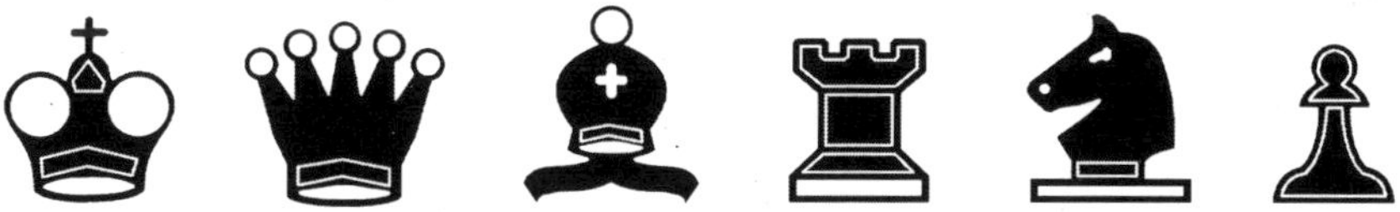

Darstellung – Schwarze Figuren

Es gibt eine gute Eselsbrücke, die dir dabei helfen kann, dir die Figuren zu merken:

Stell dir vor, dass die Schachfiguren für eine Art mittelalterliches Heer stehen, die in die Schlacht ziehen:

Der Großteil der Figuren (acht Stück pro Spieler, also genau die Hälfte aller Figuren) sind Bauern. Früher waren die Bauern in Schlachten quasi das „entbehrliche Fußvolk“, das gerne an vorderster Front eingesetzt wurde, wo die Verluste besonders hoch waren. Die Bauern stehen zu Beginn in einer Reihe aufgestellt vor den restlichen Figuren.

Darstellung – Weißer Bauer

Darstellung – Schwarzer Bauer

Jeder Spieler hat außerdem zwei Türme, die an den äußersten Linien A und H der jeweils hintersten Reihe stehen. Sie sind quasi die Wehrtürme, die die „wichtigen" Figuren beschützen. Du kannst sie mit den mittelalterlichen Burgtürmen vergleichen oder mit Belagerungstürmen, die benutzt wurden, um mit ihrer Hilfe die Mauern von feindlichen Städten oder Burgen überwinden zu können.

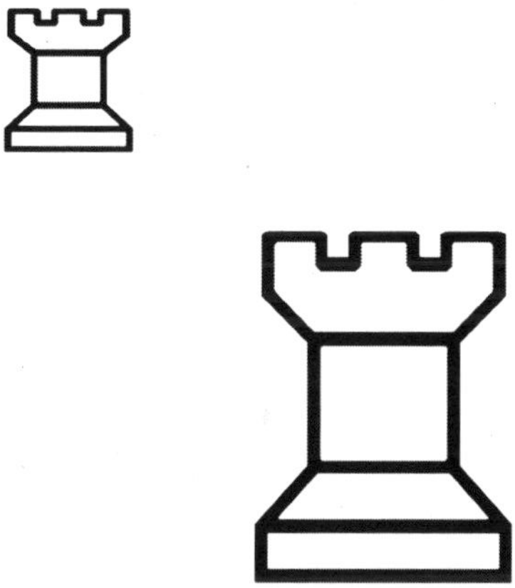

Darstellung – Weißer Turm

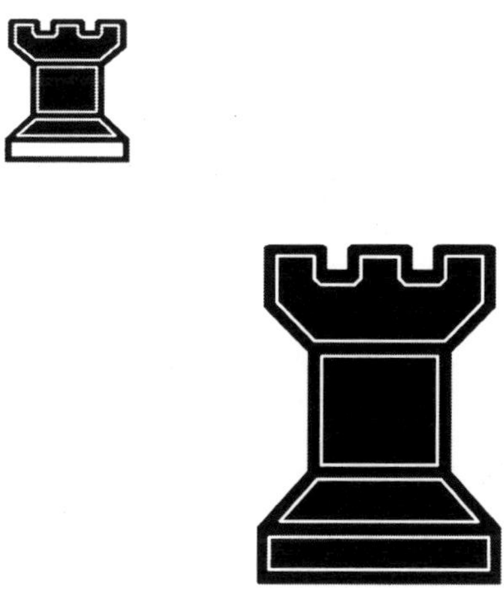

Darstellung – Schwarzer Turm

Außerdem hat jeder Spieler zwei Springer, das sind die Pferdefiguren, die neben den Türmen aufgestellt sind. Sie stellen quasi die berittenen Einheiten (die Kavallerie) des Heeres dar, ohne die früher kein König in den Krieg gezogen wäre. In anderen Sprachen wird der Springer meistens als Pferd bezeichnet, zum Beispiel im Italienischen als „cavallo".

Darstellung – Weißer Springer

Darstellung – Schwarzer Springer

Neben den Springern stehen die Läufer, die jeder Spieler auch in doppelter Ausführung hat. Läufer repräsentieren die schnellen Boten, die früher unverzichtbar waren, wichtige Botschaften übermittelten und die Gegend ausgekundschaftet haben.

Darstellung – Weißer Läufer

Darstellung – Schwarzer Läufer

Kommen wir nun zu den beiden zentralen Figuren jedes Schachspiels, die gut geschützt im Zentrum der Startformation stehen, dem König und der Dame:

Die Dame wird bestimmt deine Lieblingsfigur werden. Sie ist extrem vielseitig einsetzbar und steht direkt neben „ihrem" König. Die Figur repräsentiert die mittelalterliche Hofdame oder auch Königin, die zentrale Figur einer Burg war. Ob sich die feine Dame der Burg früher wirklich die Hände in der Schlacht schmutzig gemacht hat? Ehrlich gesagt bezweifele ich das… Aber gut.

Übrigens: Früher waren Spieler dazu verpflichtet, bevor sie die gegnerische Dame angegriffen haben „Gardez!" zu rufen. Das bedeutet auf Deutsch „Schützen Sie Ihre Dame!".

Darstellung – Weiße Dame

Darstellung – Schwarze Dame

Jetzt ist die wichtigste Figur auf dem Spielfeld an der Reihe, der Dreh- und Angelpunkt jedes Schachspiels: der König. Er muss unter allen Umständen beschützt werden. Wie das funktioniert, erkläre ich dir später noch. Er repräsentiert den Feldherrn oder den König in einem mittelalterlichen Heer: Ohne ihn geht gar nichts.

Darstellung – Weißer König

Darstellung – Schwarzer König

Merk dir jetzt:

Hinterste Reihen (1 und 8): Turm, Springer, Läufer, Dame und König (oder anders herum), Läufer, Springer, Turm

Vorletzte Reihen (2 und 7): Bauern

Wo Dame und wo König stehen, wird so geregelt, dass die dunkle Dame auf einem dunkeln Feld steht und die helle Dame auf dem hellen Feld.

Wie bewegen sich die verschiedenen Figuren über das Feld?

Fangen wir mit den Grundlagen an: Wenn ein Spieler an der Reihe ist, hat er genau einen Zug, darf also eine Figur seiner Wahl auf dem Schachbrett bewegen. Danach ist der Gegner an der Reihe und hat auch wieder genau einen Zug.

Jede Spielfigur hat genau vorgeschriebene Bewegungsmuster, darf also nur auf ganz genau vorgegebene Art und Weise bewegt werden.

Wie genau sich welche Figur bewegen darf, werde ich dir jetzt erklären!

Fangen wir wieder mit den Bauern an: Bauern dürfen sich fast immer nur ein Feld nach vorne auf ihrer Linie bewegen. Und zwar wirklich nur nach vorne. Bauern können nicht wieder zurückgehen.

Die Ausnahmen: Bauern dürfen bei ihrem jeweils ersten Zug von der Startposition aus entweder ein oder wahlweise zwei Felder nach vorne bewegt werden. Wenn mit ihnen eine Figur geschlagen werden soll, müssen sie zusätzlich ein Feld schräg nach rechts oder nach links bewegt werden, also die Linie wechseln. Was es bedeutet, eine Figur zu schlagen, werde ich dir im nächsten Kapitel erklären. Bauern können also keine Figuren schlagen, die vor ihnen auf der gleichen Linie oder direkt in selber Reihe neben ihnen stehen, sondern lediglich diejenigen, die schräg vor ihnen stehen.

Bauern haben noch eine weitere Funktion, eine Art „Joker“: Wenn ein Bauer ganz am Ende des Spielfelds angekommen ist, quasi auf der hintersten Reihe des Spielfelds, muss er sofort in cine andere Figur deiner Wahl (nur nicht in einen König) eingetauscht werden. Das ist vor allem gegen Ende des Spiels sehr praktisch.

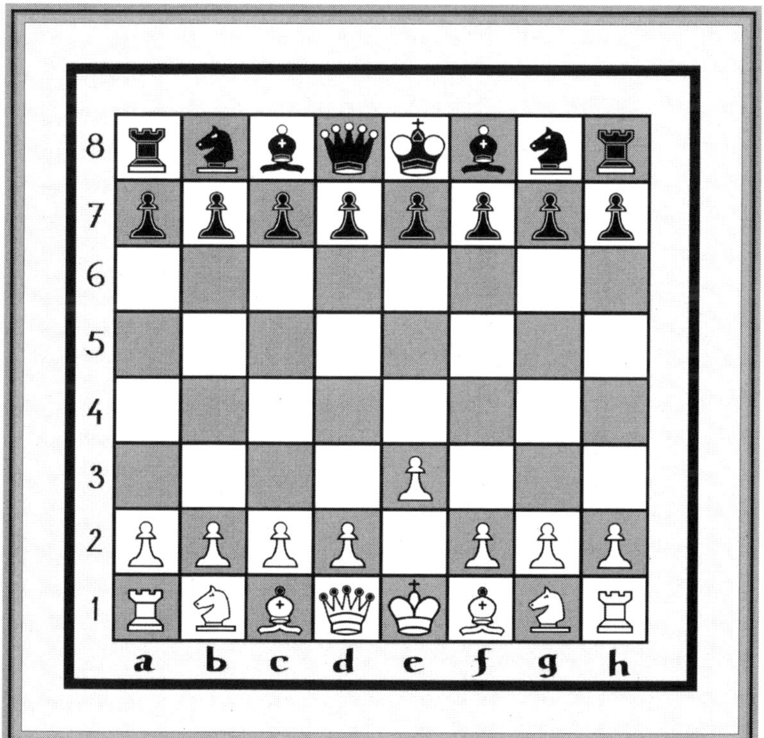

Darstellung – Bewegung der Bauern von der Startposition (1)

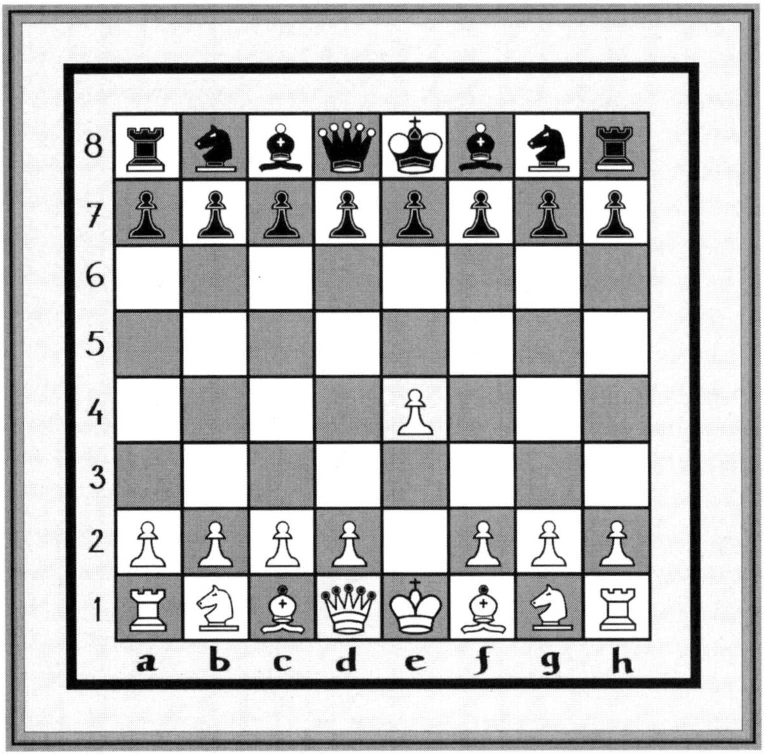

Darstellung – Bewegung der Bauern von der Startposition (2)

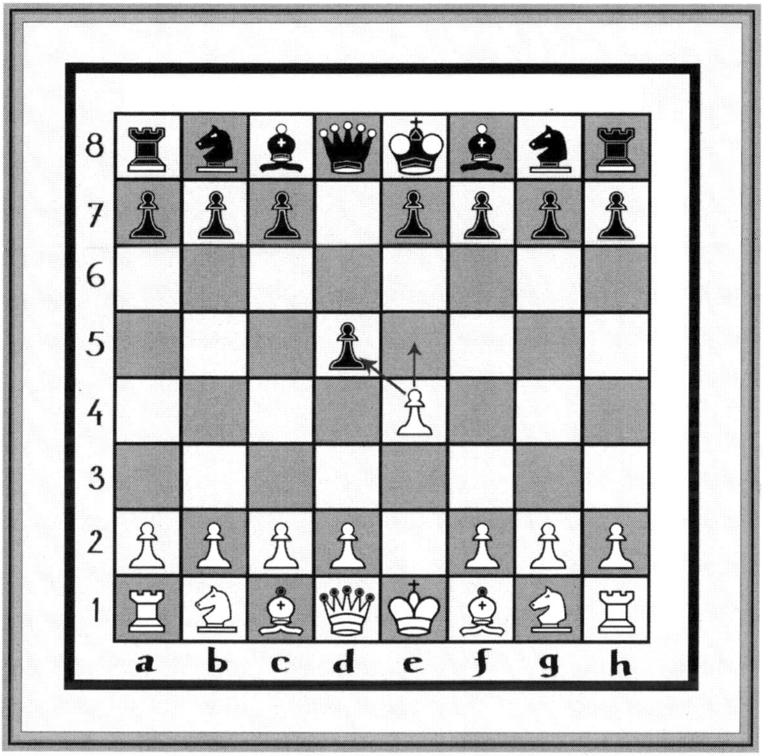

Darstellung – Optionen eines Bauern, wenn er in der Lage ist, eine gegnerische Figur zu schlagen

Wie Türme bewegt werden, ist eigentlich ganz simpel: Sie können sich beliebig weit (natürlich nur, bis eine andere Figur im Weg steht, die aber so geschlagen werden kann) nach vorne und hinten immer entlang der Linien), nach links und nach rechts entlang der Reihen bewegen.

Der Turm kann pro Zug nur in eine Richtung bewegt werden, zum Beispiel drei Felder auf derselben Linie. Was nicht geht ist, in einem Zug drei Felder auf der Linie und dann zwei weitere auf der Reihe.

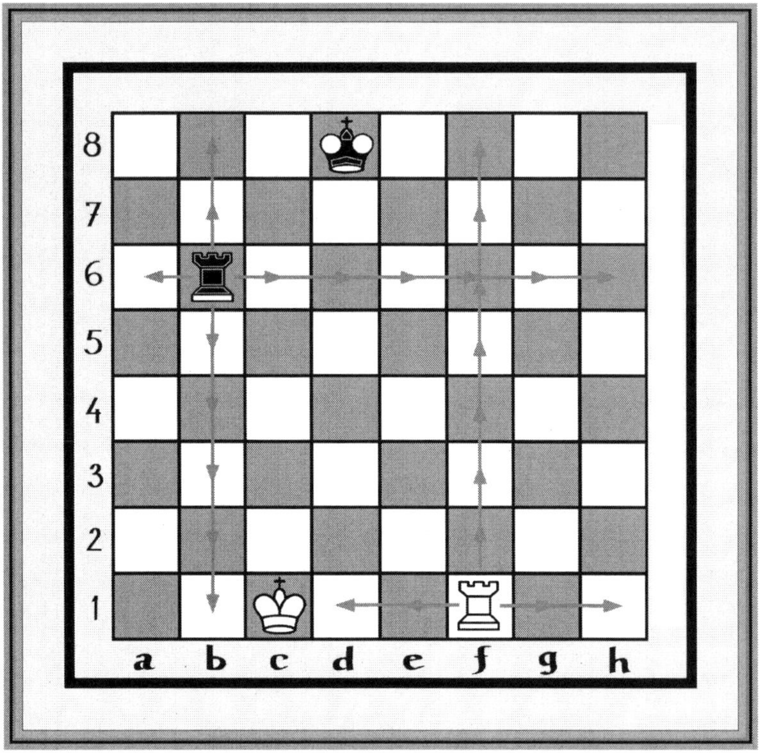

Darstellung – Bewegung der Türme

Kommen wir zu den beiden Springern, die jeder Spieler hat: Springer stellen Pferde dar und haben deshalb eine zentrale Eigenschaft von Pferden zugeschrieben bekommen, die sich auf dem Spielfeld zeigt: Sie können über andere Figuren hin

wegspringen. Das bedeutet, dass sie ihre Züge auch durchführen können, wenn andere Figuren im Weg stehen. Springer bewegen sich immer in L-Form über das Spielfeld: Zwei Felder nach vorne und eines zur Seite. Oder zwei Felder zur Seite und dann eines nach vorne. Dieses „L" kann in jede mögliche Richtung aufgebaut sein. Wichtig ist nur, dass du das „L" nicht erweiterst, möglich sind immer nur zwei plus eins Felder.

Springer schlagen die Figur, die auf dem Feld steht, auf dem der Zug endet.

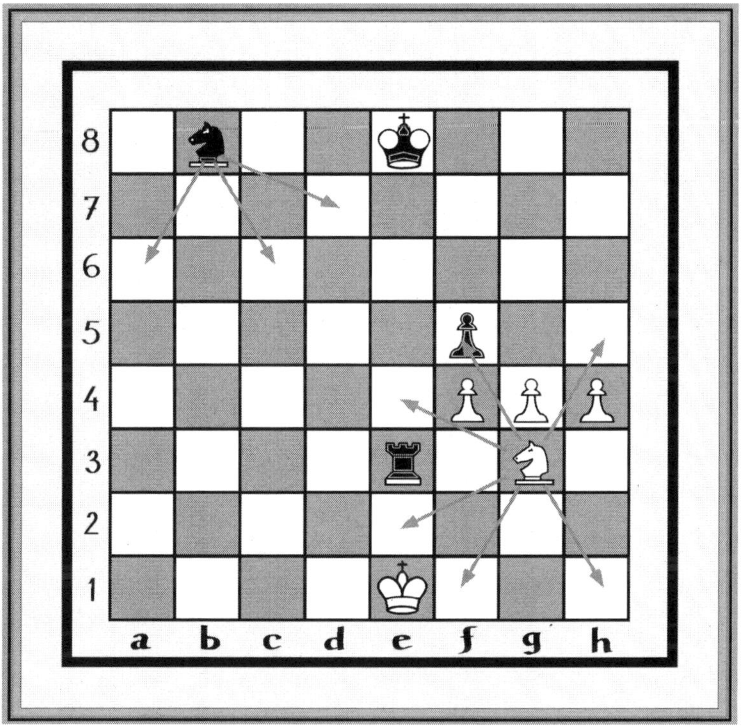

Darstellung – Bewegung der Springer

Die Läufer bewegen sich immer diagonal von ihrem Ausgangspunkt über das Schachbrett. In welche der vier Richtungen du deine Läufer bewegen möchtest, bleibt dir überlassen. Läufer kannst du so weit in eine Richtung bewegen, bis eine andere Figur im Weg steht. Ist es eine gegnerische Figur, wird sie auf diese Weise geschlagen. Auch hier ist es wie beim Turm: Du kannst deine Läufer pro Zug nur in eine Richtung bewegen.

Jeder deiner Läufer ist an eine „Feldfarbe" gebunden, kann also nur auf hellen oder dunklen Feldern bewegt werden.

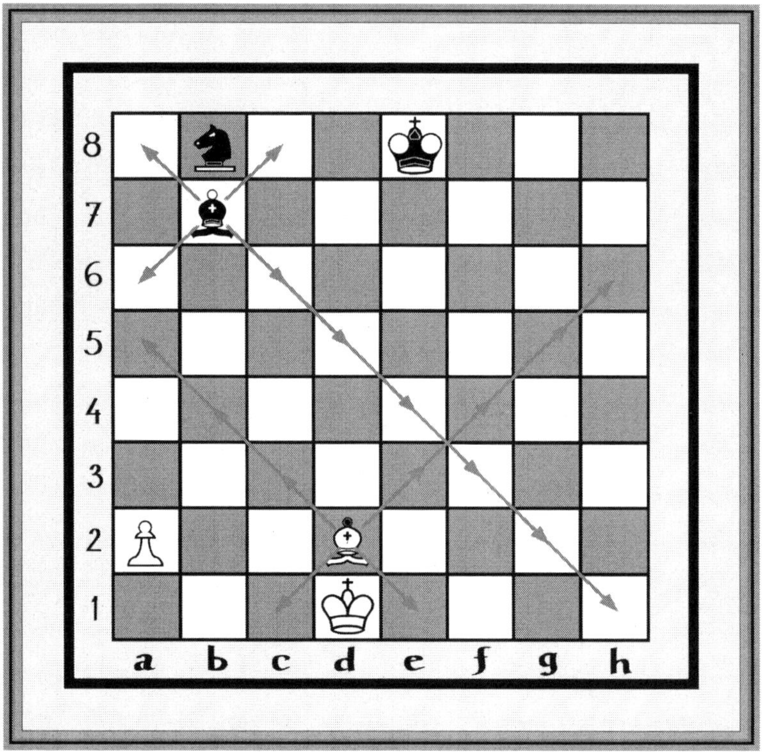

Darstellung – Bewegung der Läufer

Die Dame ist von der Flexibilität der Bewegungen gesehen die spannendste Figur auf dem Spielfeld: Sie bewegt sich wie eine Kombination aus Läufer und Turm. Sie kann sich also sowohl diagonal als auch gerade entlang der Linien und Reihen bewegen. Es gilt aber auch hier: Pro Zug ist nur eine Richtung möglich. Diagonale und gerade Züge können nicht kombiniert werden. Die Dame kann aber in einem Zug eine diagonale Bewegung ausführen und im nächsten dann zur Seite bewegt werden.

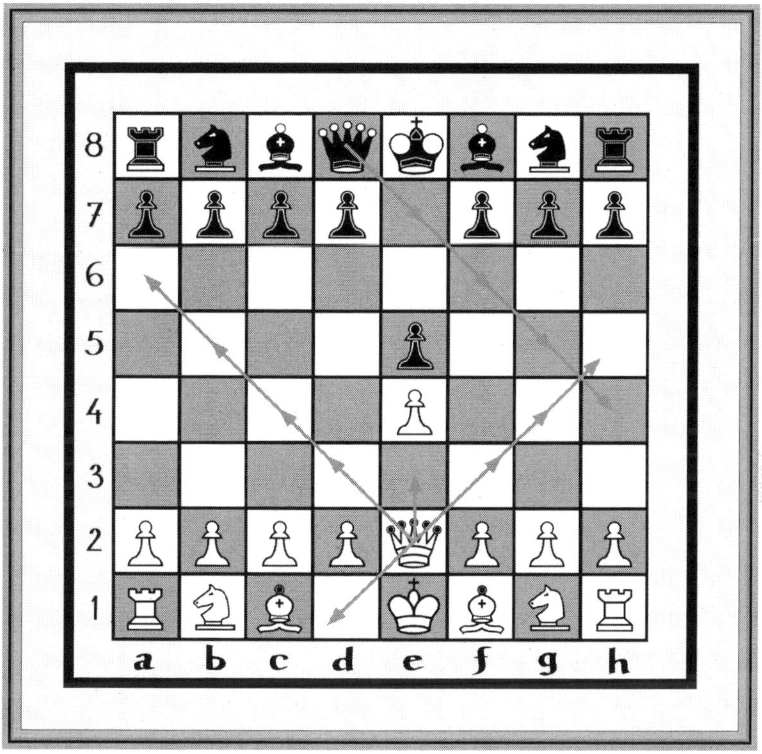

Darstellung – Bewegung der Dame

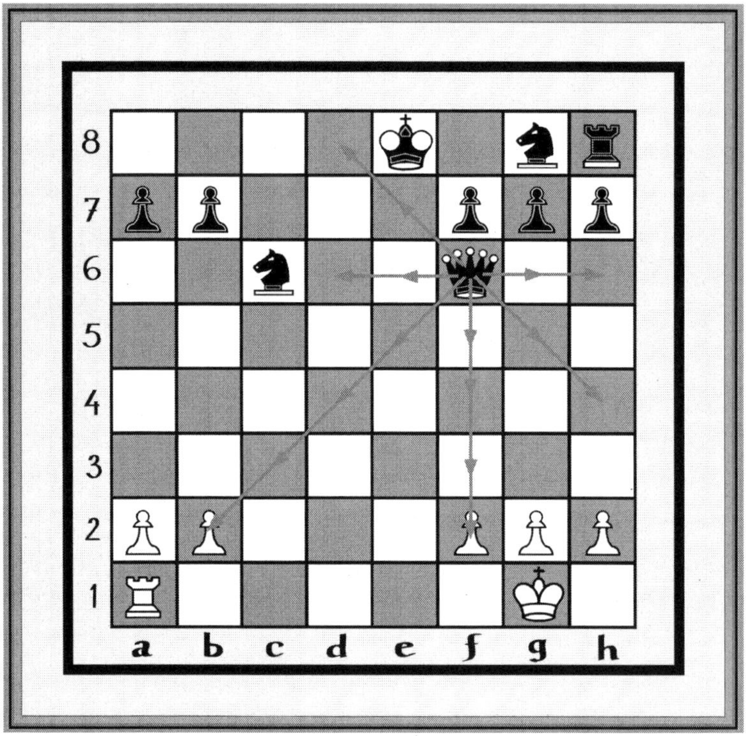

Darstellung – Optionen der schwarzen Dame in einer laufenden Partie

Der König ist zwar die wichtigste Figur auf dem Spielfeld, kann sich aber nicht besonders weit bewegen. (Vielleicht liegt das ja an seiner schweren Krone und dem ganzen Schmuck, den ein König immer mit sich herumträgt?) Er kann immer nur von Feld zu Feld bewegt werden, in welche Richtung, ist dabei aber egal.

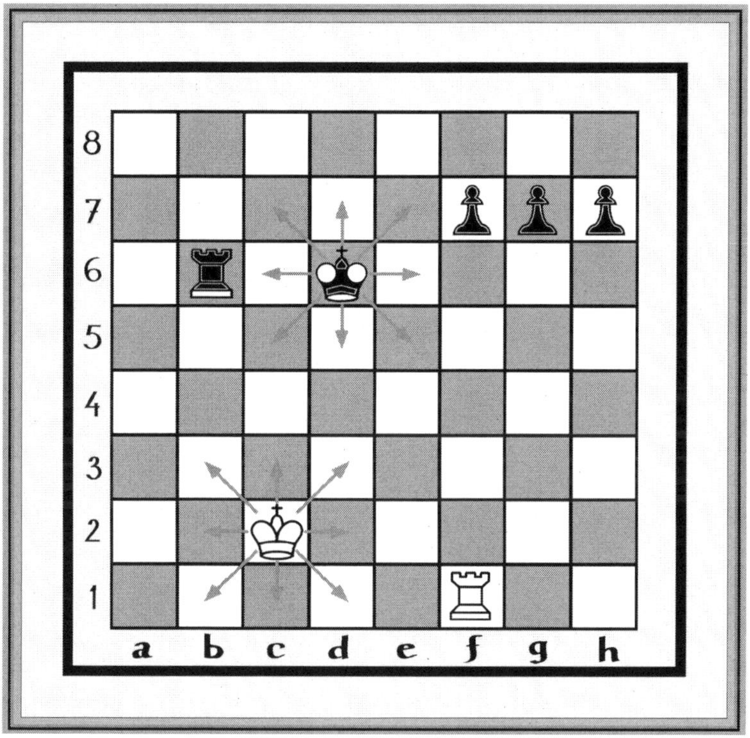

Darstellung – Bewegung des Königs

Was bedeutet es, eine Figur zu schlagen?

Wenn du eine Figur deines Gegners „schlägst“, bedeutet das, dass dein Gegner diese Figur verliert. Sie wird aus dem Spiel entfernt und er kann nicht mehr mit ihr weiterspielen.

Schlagen kannst du eine Figur, indem eine deiner Figuren den Platz der Figur, die geschlagen werden soll, einnimmt.

Wenn zum Beispiel drei Felder neben einem deiner Türme ein Bauer deines Gegners steht, kannst du ganz einfach deinen Turm diese drei Felder auf dem Schachbrett bewegen, den Bauern entfernen und deinen Turm auf dessen Platz setzen.

Figuren zu schlagen ist NICHT das wichtigste Ziel im Schach, auch wenn viele Anfänger das denken. Dennoch ist es deutlich einfacher, eine Schachpartie zu gewinnen, wenn du mehr Figuren auf dem Spielfeld hast als dein Gegner.

Achte auch immer darauf, dass er selbstverständlich auch deine eigenen Figuren schlagen kann. Überlege deshalb vor jedem Schachzug, ob die Figur auf dem Feld, auf das du sie stellen möchtest auch wirklich „sicher“ ist.

Manchmal kann es aber trotzdem sinnvoll sein, eine Figur zu opfern, damit du eine andere Figur retten oder eine Strategie umsetzen kannst.

Dazu aber später mehr!

Ganz wichtig ist, dass der König NICHT geschlagen werden kann. Das funktioniert nicht und das lassen die Regeln nicht zu. Wenn zum Beispiel direkt neben dem König ein Turm steht, kann er nicht einfach den König vom Spielfeld befördern.

Ziel des Spiels ist es, den gegnerischen König Schachmatt zu setzen. Was genau ist damit gemeint? Auch das werde ich dir später erklären.

Was sind Tauschwerte in Bauern und wie werden sie gebildet?

Jede Figur auf dem Schachbrett hat einen bestimmten Wert, der aussagt, wie wichtig und wertvoll sie jeweils ist.

Wenn du weißt, wie wertvoll eine Figur ist, wird es dir deutlich leichter fallen, abzuschätzen, wie wichtig sie für dich ist und ob du sie opfern solltest, um eine andere Figur deines Gegners schlagen zu können.

Der Wert einer Figur bemisst sich darin, wie viele Möglichkeiten du mit ihr hast und wie variabel sie eingesetzt werden kann.

Die Maßeinheit (eine Maßeinheit ist der Wert, in dem Dinge gemessen werden. Meter ist zum Beispiel die Maßeinheit für Entfernungen, mit der wir am häufigsten arbeiten), die den Wert anderer Figuren misst, ist die Bauerneinheit.

Der Wert der Figuren wird also im Vergleich zum Wert eines Bauern gemessen.

Bauern sind die „günstigsten" Figuren auf dem Schachfeld und bekommen den Wert 1 zugeordnet.

Springer und Läufer werden nach der Bauerneinheit als sogenannte „Leichtfiguren" bezeichnet und sind pro Figur so viel wert wie drei Bauern.

Türme und die Dame werden als „Schwerfiguren" bezeichnet. Ein Turm ist so viel Wert wie fünf Bauern und die Dame sogar wie neun Bauern. Pass auf diese Figuren also besonders gut auf!

Der Wert des Königs lässt sich nicht beziffern, er geht ins Unendliche. Mit ihm kannst du dich zwar kaum bewegen und seine Aktionen sind stark begrenzt, aber er ist die zentrale Spielfigur des Schachfeldes und somit auch am wichtigsten.

Was ist eine Rochade und was bringt sie dir?

Kommen wir jetzt zu einem besonderen Schachzug: der Rochade. Wie sie funktioniert und welchen Vorteil sie dir bringt, werde ich dir nun erklären.

Vorab: Sinn der Rochade ist es, deinen König in Sicherheit zu bringen und einen Turm aktiv in das Spielgeschehen einbinden zu können. Jeder Spieler darf pro Partie nur einmal eine Rochade durchführen.

Eine Rochade kann nur dann durchgeführt werden, wenn weder der König noch der beteiligte Turm bisher bewegt wurden, zwischen Turm und König keine weiteren Figuren stehen und der König vor oder nach der Rochade nicht im Schach steht.

Aber was genau ist die Rochade eigentlich? Der König macht zwei Schritte in Richtung des Turms, der an der Rochade beteiligt ist und der Turm springt über den König auf dessen Nachbarfeld.

Wir können dabei zwischen der kurzen und der langen Rochade entscheiden, je nachdem, ob der Turm der näher oder weiter weg vom König steht, beteiligt ist.

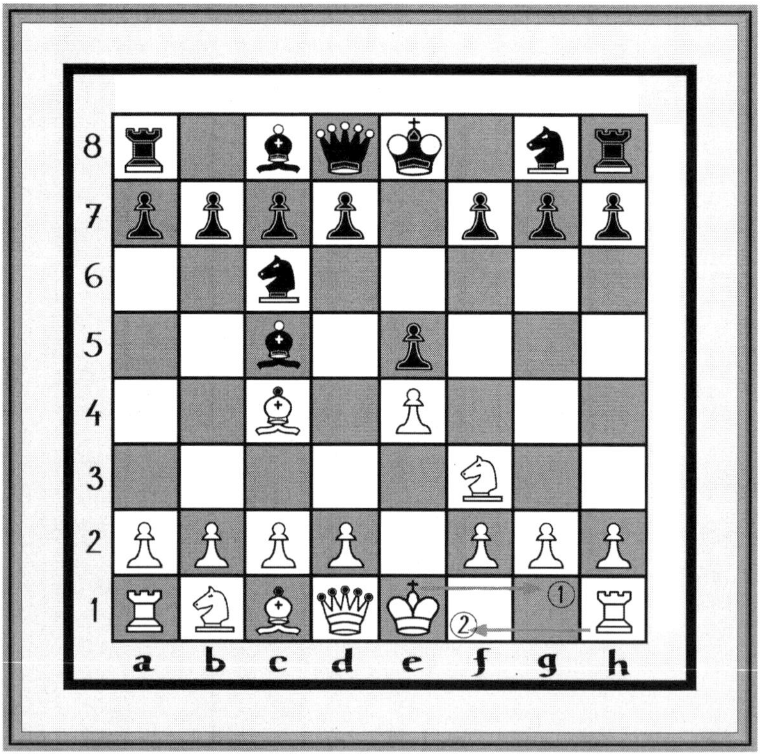

Darstellung – Kurze Rochade

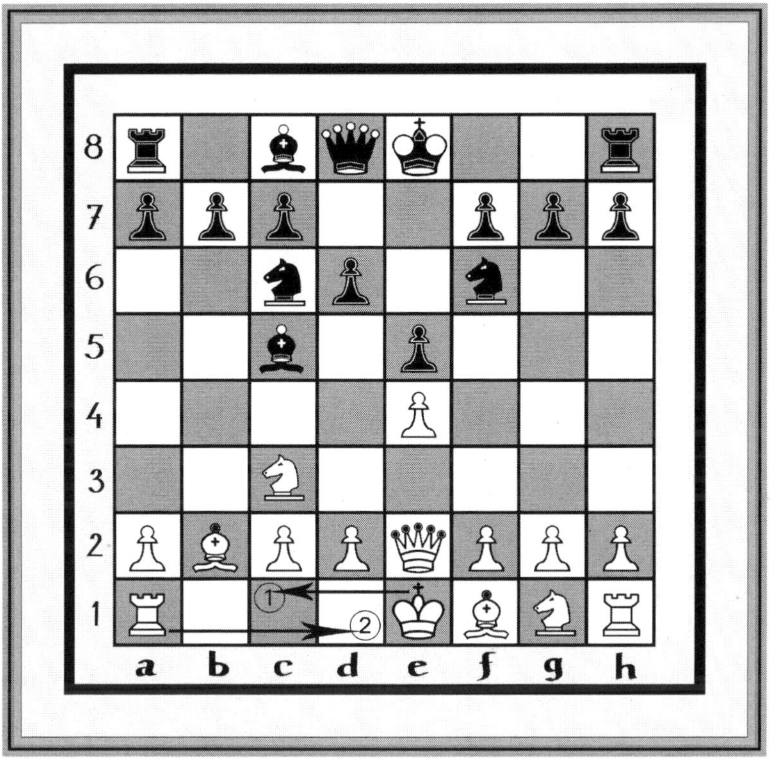

Darstellung – Lange Rochade

Was bedeutet Schach setzen und was heißt das für den Spielverlauf?

Wenn ein König Schach gesetzt wird, bedeutet das, dass eine Figur ihn angreift und theoretisch schlagen könnte (was natürlich nicht funktioniert).

Der Spieler, dessen König im Schach steht, hat jetzt die Pflicht, seinen König aus dem Schach zu befreien. Entweder, indem er die Figur schlägt, die den König im Schach hält, indem eine Figur so bewegt wird, dass sie zwischen der Figur, die den König Schach gesetzt hat und dem König steht (das funktioniert nicht bei Springern) oder indem er den König aus dem Schach befreit.

Andere Optionen gibt es nicht. Wenn der Spieler, dessen König im Schach steht, einen anderen Zug durchführt, dann ist dieser ungültig und muss zurückgenommen werden.

Wenn der Spieler jedoch keine Möglichkeit hat, seinen König aus dieser Bedrohung zu entfernen, hat er verloren und ist Schachmatt gesetzt. Dann ist das Spiel vorbei.

Es gibt den Brauch, wenn ein König Schach gesetzt wird laut „Schach" zu sagen. Das ist aber keine feste Regel. Ich persönlich finde es höflich, „Schach" zu sagen, aber das ist absolute Geschmackssache, die du handhaben kannst, wie du möchtest. Wenn du dich dafür entscheidest, solltest du, wenn du deinen Gegner Schachmatt gesetzt hast, auch „Schachmatt" sagen, quasi „Wer A sagt muss auch B sagen."

4

Deine erste Partie Schach – was du beachten solltest und wie du als Sieger vom Feld gehst

Jetzt wird es langsam ernst: Deine erste Partie Schach steht an! Es gibt einiges zu beachten, damit du optimal vorbereitet bist und dich konzentrieren kannst.

Aber keine Sorge: Es wird weder langweilig noch kompliziert.

Übrigens: Das Wort Partie ist einfach nur ein anderer Begriff für „Schachspiel". Partie klingt in vielen Fällen einfach etwas eleganter.

Entscheide für dich, welcher Begriff dir mehr zusagt.

Wie du dich während eines Schachspiels verhalten solltest – Der Knigge für Schachpartien

Es gibt eine Art Verhaltenskodex, wie du dich während einer Partie Schach verhalten solltest und was es zu beachten gilt.

Aber keine Sorge: Du wirst von den Verhaltensregeln profitieren und sie werden es dir erleichtern, dich zu konzentrieren.

Achte darauf, dass das Spiel in einer entspannten und ruhigen Atmosphäre stattfinden kann. Weder dein Gegner noch du sollten leicht abgelenkt werden können.

Sei auch du bitte so fair und versuche nicht, deinen Gegner mit Ablenkungsmanövern von seiner Konzentration abzuhalten.

Nehmt euch auch ausreichend Zeit, unter Zeitdruck macht Schach nicht wirklich Spaß. Plane dir am besten ein großzügiges Zeitfenster ein, eine Stunde sollte wahrscheinlich ausreichen. „Zwischen Tür und Angel" ein Schachspiel zu beginnen, wird dem Spiel und seiner Komplexität einfach nicht gerecht.

Während des Essens Schach zu spielen oder während einer Partie am Handy zu hängen ist auch „verboten". Wenn du Schach spielst, solltest du dich auch komplett dem Spiel widmen. Allein schon aus Respekt deinem Gegner gegenüber.

Apropos Respekt: Verhalte dich während der gesamten Partie respektvoll. Frage deinen Gegner nicht, ob er aufgeben möchte und gib nicht mit guten Zügen an. Das macht man einfach nicht.

Und auch wenn dein Gegner länger braucht, um in Ruhe über den nächsten Zug nachzudenken, dann gib ihm, ohne zu murren, die Zeit, die er benötigt.

Bedanke dich nach Abschluss der Partie für die Zeit, die er oder sie sich genommen hat, egal, wer gewonnen hat.

Und sei bitte kein schlechter Verlierer, der beleidigt ist, wenn er nicht gewonnen hat. Verlieren gehört dazu. Und auch wenn es unangenehm ist: Jeder muss einmal lernen, zu verlieren. Sieh es einfach als Chance, dich verbessern zu können. Traditionell sollte der Verlierer dem Gewinner die Hand reichen. Das mag dir vielleicht etwas altmodisch erscheinen, ist aber eine sehr respektvolle Geste.

Wer beginnt das Spiel?

Traditionell eröffnet der Spieler mit den hellen Figuren die Schachpartie.

Es gibt den alten Spruch „Weiß beginnt, Schwarz gewinnt!“, aber den kannst du getrost ignorieren. Wer gewinnt, entscheiden nur Strategie und Taktik. Lass dich also bitte nicht verunsichern.

Am fairsten ist es, wenn ausgelost wird, wer welche Farbe und damit auch den Vortritt erhält.

Ein Spieler sollte dabei von jeder Farbe eine Figur nehmen, sie in seinen beiden Händen halten, und sie hinter dem Rücken verstecken Der andere Spieler kann dann auswählen, welche Hand er nimmt, entweder rechts oder links. Die Figur, die er dann ausgewählt hat, ist seine Farbe.

Die drei Phasen des Schachspiels – Der Regelfall aber nicht verpflichtend

Eine Schachpartie besteht in der Regel aus drei Phasen: Der Eröffnung, dem Mittelspiel und dem Endspiel.

Die überwiegende Mehrheit aller Schachspiele verläuft nach diesem Muster und du kannst dich eigentlich gut daran orientieren.

Wenn allerdings einer der Spieler bereits zu einem sehr frühen Zeitpunkt grobe Fehler macht, dann kann es auch sein, dass das Spiel bereits während des Mittelspiels oder sogar während der Eröffnung beendet wird.

Die erste Phase des Schachspiels: Die Eröffnung

Die Eröffnung ist die erste Phase einer Schachpartie. Das Spiel wird, wie der Name schon sagt, in dieser Phase eröffnet.

Die erste Phase ist für den weiteren Verlauf des Spiels extrem wichtig, weil dieser hier bereits weitestgehend festgelegt wird und du dich mit klugen Schachzügen für den weiteren Spielverlauf gut aufstellen kannst.

Die Eröffnung besteht ganz grob gesagt aus den ersten zehn bis 15 Zügen einer Partie und hat das Ziel, die Figuren zu „entwickeln“, also sie von ihren Startpositionen, den Grundfeldern, auf das Spielfeld in sinnvolle Positionen zu bewegen.

Ich habe dir hier die wichtigsten Regeln zusammengestellt, die du während der Eröffnung der Schachpartie beachten solltest.

Regel Nummer 1: Entwickle deine Figuren.

Dass du deine Figuren entwickelst ist das Hauptziel der Eröffnung. Je mehr Figuren du schon am Anfang bewegst, desto besser. Wenn du deine Figuren bewegst und deine Armee über das gesamte Spielfeld verteilst, hast du deutlich mehr Optionen für weitere Züge und die Figuren blockieren sich nicht gegenseitig.

Achte beim Planen deiner Züge darauf, dass du die maximale Wirksamkeit deiner Figuren herstellen kannst. Ein Turm, der in der Ecke eingekeilt ist und sich nicht bewegen kann, bringt dir nichts.

Regel Nummer 2: Ziehe keine Figur in den ersten zehn Zügen zweimal.

Damit du auch wirklich in eine gute Ausgangsposition gelangst, solltest du darauf achten, dass du in den ersten zehn Zügen keine Figur zweimal bewegst. Wenn du diese Regel einhältst, wirst du es schaffen, dich gut auf den weiteren Spielverlauf vorzubereiten.

Regel Nummer 3: Bring die Dame nicht zu früh ins Spiel.

Wir haben bisher gelernt, dass die Dame deine wertvollste Figur (mit Ausnahme des Königs) ist. Es ist sinnvoll, wenn du sie erst später ins Spiel bringst.

Wenn du sie bereits zu diesem frühen Zeitpunkt verlieren würdest, wäre das mehr als nur ärgerlich und würde dich deinem Gegner gegenüber extrem benachteiligen.

Regel Nummer 4: Führe während der ersten zehn Züge eine Rochade durch.

Was genau eine Rochade ist, habe ich dir schon erklärt.

Wenn du die Rochade frühzeitig durchführst, hast du deinen König fürs Erste in Sicherheit und gleichzeitig einen Turm ins Spiel gebracht. Ganz schön clever eigentlich!

Regel Nummer 5: Besetze das Zentrum.

Denke an ein Fußballspiel. Was ist dort am wichtigsten? Genau. Das Mittelfeld sollte mit den Spielern der eigenen Mannschaft besetzt sein, um das Spiel beeinflussen und die Lage im Griff haben zu können.

Genauso ist es auch beim Schach! Sorge dafür, dass möglichst viele deiner Figuren es sich im Mittelfeld des Schachbretts „gemütlich" machen. Du wirst das Spiel so deutlich besser kontrollieren und beherrschen können, als wenn du passiv am Rand handelst und abwartest, was dein Gegner macht.

Also: Immer schön in die Offensive gehen!

Am einfachsten funktioniert das übrigens mit Bauern. Beginne die Partie damit, deine Bauern in der Spielfeldmitte zu platzieren. So verschaffst du den restlichen Figuren Luft für ihre Handlungen und kannst deine Vormachtstellung auf dem Spielbrett ausbauen.

Regel Nummer 6: Versuche, deine beiden Türme zusammenzubringen.

Wenn du die geballte Kraft beider Türme zusammen nutzen kannst, bringt dir das einen enormen Vorteil. Vor allem wenn es später darum geht, den König des Gegners Schachmatt zu setzen. Aber auch, wenn du gezielt „Jagd" auf Figuren machen möchtest, ist es sinnvoll, beide Türme in einer Reihe stehen zu haben und keine eigenen Figuren dazwischen.

Regel Nummer 7: Entwickle eine Strategie.

Wichtig bei allem ist aber, nicht einfach wahllos deine Figuren ins Geschehen zu werfen, sondern dir auch einen Plan zu überlegen, eine Strategie, mit der du das Spiel gewinnen möchtest. Überlege dir einen groben Plan, wie die nächsten Züge ablaufen sollen und was du langfristig im Spielverlauf erreichen möchtest.

Regel Nummer 8: Nutze Schwachpunkte in der Bauernstrategie deines Gegners (und achte auf deine eigene).

Wir haben bisher gelernt, dass Bauern nur nach vorne auf ihrer Linie bewegt werden dürfen und niemals zurück. Ist ein Bauer also erst einmal „gesetzt", stellt dies eine Art Fixpunkt auf dem Spielfeld dar. Achte genau darauf, wo dein Gegner beim Setzen der Bauern Fehler gemacht hat, die er nicht mehr korrigieren kann und nutze diese Lücken.

Im Gegenzug musst du natürlich auch selbst darauf achten, deine Bauern möglichst ohne Fehler zu bewegen. Denke jedes Mal, wenn du einen Bauern einsetzt daran, dass du diesen Zug nicht wieder rückgängig machen kannst!

Regel Nummer 9: Entwickle zuerst die Leichtfiguren.

Nachdem du das Spielfeld mit deinen Bauern etwas aufgelockert hast, solltest du zuerst die Springer und dann die Läufer einsetzen.

So bist du in der Lage, das Spielfeld schnell und mit geringem Einsatz kontrollieren zu können.

Die wichtigsten Eröffnungsstrategien für Anfänger – ganz leicht erklärt

Fangen wir jetzt damit an, uns einige Strategien für die Eröffnungsphase anzuschauen.

Grundsätzlich unterscheiden wir zwischen offenen, halboffenen und geschlossenen Strategien.

Was genau bedeutet das?

Wenn sich relativ wenige Bauern im Geschehen befinden, bedeutet das, dass die Stellung offen ist. Bei geschlossenen Strategien dominieren meistens Läufer das Spiel.

Wenn hingegen viele Bauern im Spiel aktiv sind und sich dadurch gegenseitig blockieren bedeutet das, dass die Stellung geschlossen ist (eben weil die Figuren sich dadurch blockieren). Weil so viele Felder belegt sind, ist es in diesen Situationen häufig sinnvoller, Springer aktiv werden zu lassen, die im Spielgeschehen „hin- und herspringen" können.

Halboffene Strategien stellen eine Mischung aus diesen beiden Spielarten dar. Die meisten Strategien sind halboffen.

Jetzt kommen wir zu den verschiedenen Eröffnungsarten, die ich dir vorstellen möchte. Beachte aber bitte, dass ich dir in diesem kurzen Anfängerbuch, das eigentlich alles, was wichtig ist beinhalten soll, immer nur einen kurzen Überblick geben kann. Wenn du dich intensiver mit den verschiedenen Eröffnungsarten beschäftigen möchtest, kannst du speziellere Bücher kaufen oder dir jede Menge Videos mit Beispielen im Internet anschauen.

Am besten ist es, wenn du dir in einem ruhigen Moment das Schachbrett für dich alleine aufbaust und die verschiedenen Varianten einfach einmal nachstellst. Vielleicht merkst du schnell, was dir liegt und was eher nicht. Alle Eröffnungsarten haben noch verschiedene Untervarianten, die aber wirklich den Rahmen sprengen würden. Ich habe jeweils die am häufigsten gespielten Varianten gewählt.

Bist du bereit? Dann bin ich es auch!

Die italienische Eröffnung – ihr Aufbau und ihre Vorteile

Die italienische Eröffnung ist eine der ältesten dokumentierten Eröffnungsvarianten. Wir wissen, dass sie bereits seit mindestens 500 Jahren bekannt ist. Sie ist sowohl bei Anfängern, als auch bei fortgeschrittenen Schachspielern extrem beliebt und zählt einfach zu den Klassikern.

Sie ist so aufgebaut:
1. Zug Weiß: Bauer von e2 zu e4
1. Zug Schwarz: Bauer von e7 zu e5
2. Zug Weiß: Springer von g1 zu f3
2. Zug Schwarz: Springer von b8 zu c6
3. Zug Weiß: Läufer von f1 zu c4
3. Zug Schwarz: Läufer von f8 zu c5

Warum ist die italienische Eröffnung so beliebt?

Ganz einfach: Weiß kann bereits im vierten Zug den König in Sicherheit bringen und eine Rochade durchführen. Außerdem können sich die Figuren schon sehr früh entwickeln und beide Spieler haben die Möglichkeit, schnell auf das Zentrum zuzugreifen.

Wenn du es also einfach und effizient magst, bist du mit der italienischen Eröffnungsvariante echt gut bedient.

Die sizilianische Eröffnung – ihr Aufbau und ihre Vorteile

Die sizilianische Eröffnung wird häufig auch sizilianische Verteidigung genannt. Sie stammt von der italienischen Insel Sizilien und wird auch seit mindestens 500 Jahren gespielt. Sie ist eine halboffene Eröffnungsstrategie.

Diese Form der Eröffnung wird meistens vom Spieler, der die schwarzen Figuren hat bevorzugt und ist eine der am häufigsten durchgeführten Eröffnungsarten.

Das Ziel ist es hier, die C-Linie möglichst schnell zu öffnen, um von diesem Punkt aus Angriffe auf die weißen Figuren durchführen zu können.

So läuft die sizilianische Verteidigung ab:

1. Zug Weiß: Bauer von e2 zu e4.
1. Zug Schwarz: Bauer von c7 zu c5.
2. Zug Weiß: Springer von g1 zu f3.
2. Zug Schwarz: Bauer von d7 zu d6.
3. Zug Weiß: Bauer von d2 zu d4.
3. Zug Schwarz: Bauer von c5 zu d4 → schlägt den weißen Bauern
4. Zug Weiß: Springer von f3 zu d4 → schlägt den schwarzen Bauern
4. Zug Schwarz Springer von g8 zu f6 → Angriff auf den Bauern auf e4
5. Zug Weiß: Springer von b1 zu c3 → der Springer wird entwickelt und deckt den Bauern auf e4

Ab diesem Zug wird das Spiel in frei gewählten Varianten fortgeführt.

Die französische Eröffnung – ihr Aufbau und ihre Vorteile

Die französische Verteidigung ist auch eine halboffen Variante. Sie ist im Vergleich zu den anderen beiden Varianten noch sehr jung, denn sie wurde erst 1834 entwickelt, als ein französisches gegen ein englisches Schachspiel mit dieser Eröffnung gewann.

Diese Art der Eröffnung ist vor allem bei Anfängern sehr beliebt, weil sie einfach zu spielen ist und eine gute Grundstruktur vorgibt. Wenn du sie einmal verinnerlicht hast, wird sie dir als Vorlage für viele Partien dienen und immer eine gute Option sein.

Vielleicht wird sie ja auch deine Lieblingsstrategie? Probiere sie doch einfach aus!

1. Zug Weiß: Bauer von e2 zu e4
1. Zug Schwarz: Bauer von e7 zu e6
2. Zug Weiß: Bauer von d2 zu e4
2. Zug Schwarz: Bauer von d7 zu d5
3. Zug Weiß: Bauer von e4 zu d5 → schlägt den schwarzen Bauern
3. Zug Schwarz: Bauer von e6 zu d5 → schlägt den weißen Bauern

Ab hier wird das Spiel dann wieder zu einem freien Spiel, bei dem beide Seiten aber gute Möglichkeiten haben, ihre Figuren einzusetzen und zu entwickeln.

Die slawische Eröffnung – ihr Aufbau und ihre Vorteile

Die sogenannte slawische Verteidigung ist eine der geschlossenen Eröffnungsvarianten und wird eigentlich eher von fortgeschrittenen Spielern oder Profis benutzt. Dennoch ist sie sehr beliebt und ich finde es wichtig, dass du zumindest einmal von ihr gehört hast.

1. Zug Weiß: Bauer von d2 zu d4
1. Zug Schwarz: Bauer von d7 zu d5
2. Zug Weiß: Bauer von c2 zu c4
2. Zug Schwarz: Bauer von c7 zu c6
3. Zug Weiß: Springer von g1 zu f3

3. Zug Schwarz: Springer von g8 zu f6
4. Zug Weiß: Springer von b1 zu c3
4. Zug Schwarz: Bauer von d5 zu c4 -> schlägt den weißen Bauern
5. Zug Weiß: Bauer von a2 zu a4
5. Zug Schwarz: Läufer von c8 zu f5

Du siehst, dass jetzt schon ziemlich viel auf dem Spielfeld los ist. Für Anfänger ist diese Variante deswegen wirklich etwas ungeeignet: Es geht sehr schnell los und man verliert leicht den Überblick. Wenn du aber schon weiter fortgeschritten bist, ist diese Eröffnung eine echt gute Variante.

Das waren wirklich nur einige der häufigsten Eröffnungsmöglichkeiten. Es gibt einen fast undurchdringlichen Dschungel an Möglichkeiten und ich hoffe, dass ich dir die wichtigsten zeigen konnte, damit du erst einmal eine grobe Orientierung hast.

Viel Spaß beim Ausprobieren!

Welche Eröffnungsfallen es gibt und wie du ihnen entgehen kannst

Eröffnungsfallen können für dich sehr nützlich sein, wenn du sie einbaust. Wenn sie aber gegen dich verwendet werden, solltest du genau wissen, wie du dich zu verhalten hast.

Grundsätzlich erst einmal dazu, was man unter Eröffnungsfallen überhaupt versteht: Eröffnungsfallen sind Fallen, die während der ersten Züge einer Partie gestellt werden, um den Gegner dazu zu bringen, Fehler zu begehen, ihn also aufs Glatteis zu führen.

Die häufigsten Eröffnungsfallen bestehen daraus, dass der Gegenspieler mit einer Figur geködert wird, die auf den ersten Blick leichte Beute darstellt und ihn dazu verleitet, sie zu schlagen. Wenn der Gegner dann darauf eingeht und die Falle zuschnappt, wird er meist selbst eine wichtige Figur verlieren.

Wenn Eröffnungsfallen geschickt gestellt werden, führen sie dazu, dass sie den gesamten Spielverlauf beeinflussen und dadurch ganze Partien und ihre Ergebnisse verändern können.

Das Gemeine an Eröffnungsfallen: Viele Spieler fallen immer wieder auf sie herein, weil sie davon ausgehen, dass der andere Spieler einfach einen Flüchtigkeitsfehler gemacht hat oder einfach nicht richtig nachgedacht hat.

Besonders fiese Schachspieler (oder besser gesagt besonders kluge und geschickte Schachspieler), schaffen es, ihren Gegner mit ihrem Schauspieltalent dazu zu bringen, in ihre gestellten Fallen zu tappen.

Meistens setzen sie dann ihr Pokerface auf und erwecken den Anschein, dass ihnen gar nicht bewusst ist, dass sie einen „Fehler" begangen haben.

Was bedeutet das für dich?

Auf der einen Seite natürlich, dass du immer wachsam sein solltest. Wenn du eine vermeintlich leicht zu schlagende Figur siehst, dann überlege lieber zweimal, ob wirklich keine Falle dahintersteckt. Du kennst ja wahrscheinlich den Ausdruck „Gier frisst Hirn". Und der passt hier wirklich gut. Viele Spieler wittern schnelle Beute und denken gar nicht darüber nach, welche Konsequenzen ihre jeweilige Handlung hat.

Betrachte die Situation also von allen möglichen Seiten und überlege ganz genau, wo Gefahren wittern könnten. Schaue dir genau an, wie die Figuren deines Gegenspielers gezogen werden können und von welcher Seite die größte Gefahr ausgeht.

Erst, wenn du dir zu 100% sicher bist, dass du gefahrlos ziehen kannst, solltest du die Figur schlagen.

Du solltest umso vorsichtiger sein, je weniger du deinen Gegner kennst. Wenn du schon mehrere Male gegen die gleiche Person gespielt hast, wirst du wissen, ob er oder sie zu Flüchtigkeitsfehlern neigt und ob er oder sie gerissen ist und gerne Fallen stellt. Du wirst mit der Zeit wahrscheinlich ein gutes Gespür für solche Feinheiten bekommen.

Auf der anderen Seite kannst du Eröffnungsfallen natürlich auch für dich nutzen. Je öfter du übst, beiläufig solche Fallen zu stellen, desto besser wird es dir gelingen. Arbeite also immer an deinem eigenen „Pokerface".

Wenn du aber immer wieder gegen die gleichen Gegner spielst, werden sie dich wahrscheinlich schon gut einschätzen können und eher nicht auf deine Fallen hereinfallen. Dann solltest du Vorsicht walten lassen und nicht einfach aus Spaß oder Selbstüberschätzung eine Figur opfern.

Ganz wichtig: Vor allem zu Beginn deiner Schachkarriere wirst du immer mal wieder „in Fallen tappen". Klar, das ist ärgerlich. Hake das dann aber einfach ab und versuche, daraus zu lernen. Wenn du dich ewig über so einen dummen Fehler ärgerst, verhagelt dir das ganz schnell die Laune. Sieh es einfach sportlich und gönne deinem Gegner den kleinen Erfolg.

Bleibe danach umso wachsamer und lass etwas ähnliches nicht nochmal passieren.

Die zweite Phase des Schachspiels: Das Mittelspiel

Kommen wir nun zur zweiten der drei Phasen jedes Schachspiels: Dem Mittelspiel. Wie der Name schon sagt, ist das die zeitliche Mitte des Spiels und quasi der Hauptteil. Wenn du dich in der ersten Phase gut geschlagen hast, hast du die besten Chancen, deinen Vorteil im Mittelspiel weiter auszubauen und so dann auch die letzte Phase des Spiels, das Endspiel, für dich zu entscheiden.

Das Mittelspiel beginnt, wenn die Eröffnung durchgeführt wurde, die Figuren sich wie gewünscht entwickelt haben und der König durch eine Rochade in Sicherheit gebracht werden konnte. Im Idealfall sollte auch die gewählte Eröffnungsstrategie erfolgreich umgesetzt worden sein. Das Ende des Mittelspiels wird eingeläutet, wenn einer der Könige ohne vorherige Bauernumwandlung nicht mehr angegriffen werden kann, das Spielfeld hat sich also deutlich geleert und es wird übersichtlicher.

Jetzt ist der Zeitpunkt gekommen, an dem du dich nicht mehr auf bewährte Vorlagen, wie noch bei der Eröffnung, verlassen kannst. Es gibt zwar einige Tipps und Tricks, die du anwenden und bestimmte Kniffe, die du dir von berühmten Schachspielern abschauen kannst, aber dennoch steht jetzt deine eigene Taktik und Strategie und dein ganz individuelles Geschick im Vordergrund. Es geht jetzt um dein Können!

Das sollte dich aber nicht entmutigen, sondern vielmehr anspornen, dein Bestes zu geben!

Die Strategien im Mittelspiel – Woran du dich orientieren kannst

Ich habe dir schon erklärt, dass es keine wirklich vorgefertigten Strategien gibt, mit denen du das Mittelspiel für dich entscheiden kannst.

Trotzdem gibt es einige Faktoren, die dir dabei helfen können, dich zu entscheiden, welche Züge du wann machen und auf welche Schwerpunkte du achten solltest.

Das wichtigste, was du dabei im Hinterkopf behalten solltest ist, dass es wichtig ist, sich die gesamte Partie über gut zu konzentrieren und immer das aktuelle Geschehen auf dem Spielfeld zu beobachten. Wenn du nicht genau auf die jeweiligen Schachzüge deines Gegners achtest, können dir leicht Kleinigkeiten entgehen, die dich am Ende den Sieg kosten.

Damit du die aktuelle Situation auf dem Schachbrett bewerten kannst, gibt es verschiedene Methoden, Dank diesen bist du in der Lage realistisch einzuschätzen, wie es gerade für dich aussieht. Und genau diese Methoden werde ich dir jetzt vorstellen.

Du kannst sie jeweils einzeln anwenden oder auch miteinander kombinieren. Wenn du sie kombinierst, hilft dir das wahrscheinlich dabei, die Situation noch besser zu analysieren.

Der Materialwert

Du kannst erkennen, wer von euch beiden aktuell im Vorteil ist, wenn du berechnest, wie viel eure verbliebenen Figuren jeweils in Bauerneinheiten wert sind. Je häufiger du dies durchführst, desto schneller geht es dir von der Hand. Es reicht auch häufig aus, grob zu überschlagen, um einen Eindruck zu bekommen.

Die aktuelle Initiative

Schau dir genau an, wer von euch beiden sich gerade in welcher Situation befindet: Wer greift gerade an, wer verteidigt sich? Wirst du gerade bedroht oder bedrohst du gerade deinen Gegner?

Häufig sagt das viel über das aktuelle Spiel aus: Wer gerade eine Bedrohung abwehren muss oder sich generell auf dem Rückzug befindet, hat häufig die schlechteren Karten.

Die Vorherrschaft auf dem Feld

Hier geht es darum, herauszufinden, wer von euch beiden welche Anteile des Spielfelds beherrscht. Wer hat in welchen Bereichen die meisten Figuren stehen und kann wo am besten eingreifen und seine Strategie durchsetzen?

Einen großen Vorteil besitzt meist der Spieler, der die Vormacht über das Zentrum hat. Das Zentrum ist der strategisch wichtigste Ort. Es macht also auch für dich Sinn, dich darum zu bemühen, hier möglichst viel Einfluss zu gewinnen.

Die Struktur der Bauern

Hier solltest du genau betrachten, wie dein Gegner seine Bauern aufgestellt hat. Kann einer der Bauern demnächst umgewandelt werden? Dann solltest du diese Gefahr beseitigen. Besteht die Gefahr, dass einer der Bauern deines Gegners eine deiner wichtigen Figuren schlagen kann? (Diese Bedrohung wird häufig übersehen!)

Hat dein Gegner sich vielleicht mit seinen Bauern in eine Sackgasse manövriert?

Stehen die Bauern vielleicht so, dass sie die Beweglichkeit von anderen Figuren blockieren und damit die möglichen Züge einschränken?

Die Sicherheit des Königs

Bei dieser Methode solltest du genau aufpassen, wie es um deinen und um den gegnerischen König steht: Sind die Figuren wirklich in Sicherheit oder gibt es Lücken in der Verteidigung, die du nutzen kannst, um den König deines Gegners Schach oder sogar Matt zu setzen? Wenn du Lücken in deiner eigenen Verteidigung feststellst, solltest du diese so schnell es geht schließen.

Mögliche Fehler während des Mittelspiels – Worauf du achten solltest

Damit dir während des Mittelspiels keine groben Fehler unterlaufen, solltest du mithilfe der Methoden, die ich dir eben erklärt habe, das Geschehen auf dem Spielfeld möglichst die ganze Zeit über im Auge behalten.

Dennoch wird es sicherlich bei großer Sorgfalt zu Fehlern kommen, weil so viele Faktoren gleichzeitig beachtet werden müssen.

Teilweise können die Ergebnisse der Methoden auch im Widerspruch zueinander stehen, dann solltest du abwägen, für welches Handeln mehr Indikatoren sprechen. Je mehr Faktoren du in deine Betrachtungen miteinbeziehst, desto verlässlicher wird das Ergebnis sein. Das klingt auf den ersten Blick extrem kompliziert, wird aber dir aber leichter fallen, je häufiger du es versuchst.

Da sich das Geschehen auf dem Spielfeld von Zug zu Zug wandeln kann, ist der schlimmste Fehler, den du machen kannst, dich auf eine einzige Taktik zu versteifen und keine anderen möglichen Handlungsoptionen abzustecken. Überlege dir bei jedem einzelnen Zug, welche Auswirkungen er haben kann und wie du mögliche negative Konsequenzen deiner Entscheidung abwehren kannst.

Du solltest auch immer einen Plan B oder C in der Tasche haben, um dich für den Ernstfall abzusichern.

Hier gilt: Je breiter du dich aufstellst und je mehr Möglichkeiten du durchdenkst, desto wahrscheinlicher wirst du gewinnen. Du merkst also: Schach ist definitiv Sport – Denksport.

Ich habe noch ein paar Grundsätze für dich vorbereitet, die du hauptsächlich im Mittelspiel befolgen solltest. Nimm sie dir zu Herzen und du wirst merken, wie sich deine Strategien schnell verbessern:

1. Wenn dir kein geschickter Zug mehr einfällt, dann überlege, welche die Figur ist, die in der unvorteilhaftesten Lage steht und versuche, ihre Position zu verbessern.
2. Versuche, Angriff und Verteidigung zu kombinieren. Wenn du es schaffst, mit einem Zug gleichzeitig deinen Gegner anzugreifen und deine eigenen Figuren zu sichern, ist das ein unschlagbarer Vorteil.
3. Wenn du merkst, dass du einen Vorteil hast, dann solltest du den Druck auf deinen Gegner erhöhen. Zeige, wer der Chef auf dem Spielfeld ist!
4. Bewege deine Türme so, dass sie möglichst auf Linien oder Reihen stehen, auf denen sie sich weit bewegen können.
5. Versuche, deinen Gegner mit beiden Läufern gleichzeitig zu bedrohen. Wenn du die Kraft deiner Läufer kombinierst, sind sie viel stärker als jeder für sich!
6. Stelle deine Springer möglichst weit nach vorne und in die Mitte! Dort richten sie den größten Schaden für den Gegner an.
7. Läufer und Türme sollten eher weiter hinten stehen, damit sie keiner Gefahr ausgesetzt sind. Sie können trotzdem relativ schnell in die Mitte des Spielbrettes vorrücken!

Die dritte Phase des Schachspiels: das Endspiel

Das Endspiel ist die dritte und letzte Phase des Schachspiels. Du merkst, dass das Endspiel vor der Tür steht, wenn nur noch wenige Figuren auf dem Spielfeld verblieben sind und die Könige beginnen, aktiver zu werden.

Der Übergang vom Mittelspiel ist aber fließend. Es gibt kein Ereignis im Spielverlauf, ab welchem vom Endspiel gesprochen werden kann.

Das Endspiel ist die entscheidende Phase des Spiels: Hier geht es um alles oder nichts.

Wenn bisher alles für dich gut gelaufen ist und du fest mit einem Sieg rechnest: Freue dich nicht zu früh! Wenn du jetzt beginnst, nachlässig zu werden, kann dich das den Sieg kosten. Also: Konzentration beim Endspurt!

Normalerweise hat einer der beiden Spieler einen Vorteil während des Endspiels: Mehr bzw. Figuren mit einem höheren Wert in Bauerneinheiten. Dieser Spieler wird dann Angreifer genannt und versucht, das Spiel zu gewinnen.

Der andere Spieler ist der Verteidiger und versucht, das Spiel mit einem Remis, einem Unentschieden, zu beenden, um nicht als Verlierer vom Feld gehen zu müssen. Dieser Spieler konzentriert sich hauptsächlich auf seine Verteidigung.

In vielen Endspielen spielt die Umwandlung von Bauern eine große Rolle und entscheidet letztendlich über Sieg oder Niederlage.

Je nachdem, welche Figuren sich noch im Spiel befinden, können wir zwischen verschiedenen Arten des Endspiels unterschieden, zum Beispiel dem Turmendspiel, bei dem Türme eine zentrale Rolle einnehmen, dem Läuferendspiel, bei dem Läufer noch im Spiel sind, dem Damenendspiel, bei dem – na, du weißt es selbst, richtig – Damen von großer Bedeutung für den weiteren Spielverlauf sind.

Endspiele sind ehrlich gesagt eine Wissenschaft für sich. Jede Art von Endspiel hier umfassend zu erklären, würde den Rahmen des Buches auf jeden Fall sprengen.

Es gibt sogar jede Menge Schachwissenschaftler, die Endspiele so detailliert wie möglich untersucht und Wahrscheinlichkeiten errechnet haben, wie hoch die Chance ist, in einer Bestimmten Ausgangslage noch zu gewinnen.

Es ist wirklich kompliziert. Ich möchte dir keine Angst machen, aber es gibt ganze Fachbücher über jede Art von Endspiel. Ratgeber über Turmendspiele, Springerendspiele und die vielen anderen Varianten!

Ich habe mich hier wirklich nur darauf konzentriert, dir einen groben Überblick zu geben und dir zu ermöglichen, mit etwas Vorbereitung an die Endspiele heranzutreten.

Wenn du erst einmal etwas Erfahrung gesammelt und die ersten Partien bestritten hast, wird dir auffallen, welche Arten von Endspielen einfacher sind und welche schwieriger. Wenn du dann Interesse hast, mehr über die Endspiele zu erfahren, kannst du dich weiter informieren. Hilfreich sind hier auch jede Menge Videos, die kostenlos im Internet zur Verfügung stehen und die die Feinheiten der Endspiele erklären.

Dort stößt du auch auf viele Beispiele und Simulationen und wirst dir besser vorstellen können, was es bei dem jeweiligen Endspiel zu beachten gilt.

Das Bauernendspiel – das gibt es zu beachten

Ein Bauernendspiel gibt es dann, wenn im Endspiel, abgesehen von den beiden Königen, nur noch Bauern auf dem Spielfeld übriggeblieben sind. Ob es sich um einen oder mehrere handelt, ist dabei egal.

Im Normalfall gewinnt der Spieler, der es schafft, zuerst einen Bauer an der gegnerischen Grundreihe in eine Dame umzuwandeln.

Der andere Spieler kann seine Niederlage aber noch abwenden, wenn er mit seinem König den Bauern vor der Umwandlung blockiert und es so ein Remis gibt. Das kann aber eigentlich nur dann passieren, wenn lediglich ein einziger Bauer zur Verfügung steht.

Das Damenendspiel – das gibt es zu beachten

Bei einem Damenendspiel sind nur noch die Könige, eine oder beide Damen und eventuell einer oder mehrere Bauern im Spiel. Weil die Damen so viele Möglichkeiten haben, sich zu bewegen, ist es relativ schwierig, hier genaue Tipps zu geben. Ich probiere es aber trotzdem, damit du so gut es geht vorbereitet bist.

Wenn es nur noch eine Dame gibt, die einem oder mehreren Bauern gegenübersteht, ist es eigentlich relativ einfach, zu gewinnen. Die Dame ist ja deutlich schneller an Ort und Stelle und kann die Bauern der Reihe nach schlagen, es sei denn, es sind zu viele gegnerische Bauern im Spiel oder sie sind schon zu nah an der gegnerischen Grundlinie angekommen und können umgewandelt werden.

Wenn es noch zwei Damen gibt, endet das Spiel meistens mit einem Remis. Dann sieh es einfach positiv: Du hast wenigstens nicht verloren. Hat doch auch sein Gutes, oder?

Das Turmendspiel – das gibt es zu beachten

Du wirst es dir inzwischen denken können, aber ich erkläre es der Vollständigkeit halber trotzdem: Bei einem Turmendspiel sind abgesehen von den beiden Königen nur noch einer oder mehrere Türme und eventuell einer oder mehrere Bauern auf dem Spielfeld vorhanden.

Um dich ein bisschen mit Statistik zu nerven: Turmendspiele sind die häufigsten Endspiele im Schach und ungefähr vier von zehn Partien enden mit einem Remis.

Umso wichtiger, dass wir uns genau ansehen, was bei dieser Art von Endspiel zu beachten ist.

Grundsätzlich gibt es zwei wichtige Regeln, die du beachten solltest, um deine Gewinnchancen möglichst zu maximieren:

Du solltest deine Bauern (sofern du noch welche im Spiel hast) mit einem Turm absichern. Stelle den Turm einfach in die Reihe hinter den Bauern, so können sie nicht geschlagen werden und du wirst sie ganz einfach umwandeln können.

Setze deinen König so ein, dass er das mögliche Umwandlungsfeld eines gegnerischen Bauern kontrollieren kann!

Wenn du diese beiden Regeln beachtest, hast du relativ gute Chancen, zu gewinnen. Gerade viele Anfänger beachten diese Regeln nämlich nicht.

Wenn gegnerische Bauern im Spiel sind, solltest du alles dafür geben, sie unschädlich zu machen. Das gelingt dir natürlich nur, wenn dein Gegner Fehler macht und seine Bauern nicht richtig absichert.

Eine andere Option besteht darin, mit gezielten Ablenkungsmanövern dafür zu sorgen, dass dein Gegner seine Bauern nicht mehr richtig decken kann und du dann in einem überraschenden Moment zugreifst.

Ehrlich gesagt passiert das aber nur dann, wenn dein Gegner ein Anfänger und noch nicht besonders erfahren ist.

Wenn keine Bauern mehr im Spiel sind, aber noch jeder Spieler einen Turm hat, geht das Spiel meistens mit einem Remis aus. Dein Gegner müsste schon sehr grobe Fehler machen, um hier zu verlieren.

Das Läuferendspiel – das gibt es zu beachten

Auch hier ergibt sich der Name wie bei den anderen Endspielen: Läuferendspiel bedeutet, dass natürlich beide Könige (wie sollte es auch anders sein) und ansonsten nur noch einer oder mehrere

Läufer plus eventuell einer oder mehrere Bauern auf dem Spielfeld vorhanden sind.

Grundsätzlich gibt es zwei Arten von Endspielen mit Läufern: Gleichfarbige und ungleichfarbige Läuferendspiele.

Bei gleichfarbigen Endspielen bewegen sich die Läufer, die noch im Spiel sind auf der gleichen Feldfarbe, bei ungleichfarbigen Endspielen auf beiden Feldfarben.

Gleichfarbige Endspiele sind einfacher zu gewinnen. Wenn noch Bauern im Spiel sind, kannst du sie so ziehen, dass deine eigenen Bauern vom gegnerischen Läufer nicht geschlagen werden können und die gegnerischen Bauern so festsetzen, dass du sie einfach schlagen kannst.

Ungleichfarbige Endspiele enden meistens mit einem Remis.

Läuferendspiele sind grundsätzlich relativ schwierig zu gewinnen. Am besten ist es, wenn du dir hier wirklich Rat von einem sehr erfahrenen Schachspieler holst, der dir die komplizierten Tricks und Kniffe am besten beibringen kann.

Das Springerendspiel – das gibt es zu beachten

Im Springerendspiel sind natürlich nur noch beide Könige plus einer oder mehrere Läufer und eventuell einer oder mehrere Bauern vorhanden.

Springerendspiele sind relativ schwierig zu gewinnen. Ein einzelner Springer kann einen König nicht mattsetzen. Es ist einfach nicht möglich.

Auch bei zwei Springern auf dem Feld muss der Gegner schon wirklich sehr grobe Fehler begehen, um zu verlieren. Auch in dieser Konstellation gibt es in den allermeisten Fällen ein Remis.

Wenn noch ein Bauer oder mehrere Bauern im Spiel sind, sollte der Fokus darauf liegen, eine Umwandlung in eine andere Figur zu erreichen.

Dann wird der Spieler, der die Umwandlung durchgeführt hat mit aller Wahrscheinlichkeit gewinnen.

Das solltest du also beachten: Wenn du einen Bauern hast, setze alles daran, ihn umzuwandeln. Dann wirst du höchstwahrscheinlich als Sieger vom Feld ziehen.

Wenn dein Gegner einen oder mehrere Bauern hat, unternimm alles in deiner Macht Stehende, um eine Umwandlung zu verhindern. So wirst du ein Remis erzielen können und wirst die Partie nicht verlieren.

Springerendspiele kommen aber nicht besonders häufig vor. Und das ist meiner Meinung nach auch gut so. Irgendwie ist es doch ziemlich frustrierend, wenn eine Partie eigentlich ganz gut gelaufen ist, dann aber doch mit einem Unentschieden endet, oder?

Die drei Arten, auf die ein Schachspiel enden kann: Matt, Remis und Aufgabe

Ein Schachspiel kann auf drei verschiedene Art und Weisen ausgehen. Welche das sind und was sie bedeuten, werde ich dir in diesem Kapitel erklären.

Beginnen wir mit der wohl seltensten Form des Endes einer Partie Schach: Der Aufgabe. Wenn einer der Spieler das Spiel verlassen und für beendet erklären möchte, kann er aufgeben und hat damit das Spiel verloren.

Eine andere sehr seltene Variante des Spielausgangs ist die Zeitüberschreitung. Wenn die Partie auf Zeit mit Schachuhren gespielt wird und die dem Spieler zur Verfügung stehende Zeit abgelaufen ist, hat er verloren. Das kann aber auch wirklich nur passieren, wenn auf Zeit gespielt wird. Für die meisten Anfänger ist diese Option so gesehen nicht relevant.

Ein Remis (das ist Französisch und wird „Remii“ ausgesprochen), oder auch Patt genannt, bedeutet, dass der Spieler, der am Zug ist, keinen sinnvollen, den Spielverlauf beeinflussenden Zug mehr ausführen kann, sowohl der eigene als auch der gegnerische König nicht bedroht sind. Es ist quasi das Unentschieden des Schachs.

Die häufigste Form des Spielendes ist das Matt. Hier gibt es einen klaren Sieger.

Schachmatt bedeutet, dass ein König im Matt steht und es für den geschlagenen Spieler keinen Zug gibt, der diese Situation ändern kann. Der Spieler, dessen König im Matt steht, hat dann verloren.

Der Begriff „schah matt“ stammt aus der persischen Sprache und bedeutet so viel wie „der König ist geschlagen“.

5

Wie du den typischen Anfängerfehlern aus dem Weg gehst

Es gibt einige Fallstricke im Schachspiel, die so gut wie jedem Anfänger passieren. Damit du nicht darüber stolperst, werde ich sie dir der Reihe nach vorstellen und dir erklären, wie du ihnen am besten aus dem Weg gehen kannst.

Wieso du zu Beginn keine Randbauern bewegen solltest

Die ersten Züge in der Partie stehen an und du fragst dich, welche Figuren du als erste in die Schlacht ziehen lassen solltest. Deine Wahl wird dabei höchstwahrscheinlich auf einige deiner Bauern fallen.

Du solltest jedoch zu Beginn nach Möglichkeit die Bauern in der Mitte ziehen und nicht die am Rand (Linien A und H). Wieso? Das ist eigentlich ganz einfach!

Am Anfang geht es darum, möglichst viele Figuren ins Spiel zu bringen und auch darum, das Mittelfeld des Spielbretts zu beherrschen.

Du kannst aber, wenn du die Bauern am Rand bewegst, deutlich schwieriger die Vorherrschaft über das Mittelfeld erlangen, als wenn du die Bauern in der Mitte als erste in die Schlacht schickst.

Abgesehen von den Springern ist es grundsätzlich Voraussetzung für die Figuren auf der Grundreihe, dass sich die Bauern unmittelbar vor ihnen bewegt haben müssen, damit sie ins Spiel einsteigen können.

Also: Bauern in der Mitte losschicken und die Mitte des Spielfelds erobern!

Du wirst auch merken, dass wenn dein Gegner diese Regel nicht befolgt, es ihm deutlich schwerer fallen wird, ins Spiel zu kommen und dich anzugreifen. Aber: Glück für dich!

Wieso die Dame zu Beginn Tabu ist

Zu Beginn der Partie solltest du die Dame erst einmal außen vor lassen. Wieso? Das erkläre ich dir jetzt. Die Dame ist deine allerwichtigste Figur (abgesehen vom König, der aber nicht geschlagen werden kann).

Am Anfang des Spiels ist die Situation auf dem Spielbrett vor allem für Anfänger extrem unübersichtlich: (Fast) alle Figuren sind noch im Einsatz und es ist gar nicht so leicht, den Überblick zu behalten.

Wenn du einen einzigen Fehler machst, eine einzige Option übersiehst, dann kann das dazu führen, dass dein Gegner dich überrascht und deine Dame schlägt. Und wenn du direkt zu Beginn die Dame verlierst, dann wird es für dich wirklich schwierig, noch zu gewinnen.

Mein Tipp an dich lautet also: Lass die Dame am Anfang lieber stehen wo sie ist und bring möglichst andere Figuren ins Spiel.

Aber vielleicht ist dein Gegner ja nicht so clever und macht selbst diesen Fehler! Dann solltest du die Chance auf jeden Fall nutzen und seine Dame in einem überraschenden Moment schlagen.

(Zugegeben, jeder macht diesen Fehler zu Beginn genau einmal. Aber auch wirklich nur einmal, denn der Verlust ist meist so schmerzhaft, dass ziemlich jeder Spieler schnell daraus lernt.)

Weshalb du die Bauern im Zentrum niemals durch eigene Läufer blockieren solltest

Ich habe dir schon erklärt, dass Bauern eine Art Fixpunkt auf dem Schachbrett sind: Einmal bewegt, geht es nicht mehr zurück, sondern immer nur noch weiter in eine Richtung – nach vorne.

Ab und zu passiert dir aber etwas Unbeabsichtigtes, das dich im Zweifelsfall jedoch den Sieg kosten kann: Du blockierst deine Bauern in der Mitte des Spielfeldes mit deinen eigenen Läufern.

Wie das passieren kann? Viele Spieler neigen dazu, Läufer möglichst zentral auf dem Spielbrett einzusetzen. Die Überlegung an sich ist eigentlich auch ziemlich clever. Da die Läufer sich in diagonaler Richtung bewegen, kannst du so mit ihnen einen Großteil des Spielfeldes erreichen und gut kontrollieren.

Häufig geschieht es dann aber, dass du mit diesen Läufern deine eigenen Bauern blockierst. Dann kannst du die Bauern nicht mehr einsetzen, denn sie stecken buchstäblich fest. Auf lange Sicht führt das dazu, dass du sie nicht in andere Figuren umwandeln kannst und dir diese Möglichkeit am Ende des Spiels fehlen wird, wenn du kaum noch Figuren hast. Auf kurze Sicht kann sich so aber in der Mitte des Spielfeldes eine Art Stau bilden, der dafür sorgt, dass das Spiel beeinträchtigt wird und viele Züge unmöglich bleiben.

Auf der anderen Seite können deine Bauern, die mitten auf dem Spielfeld feststecken zu leichter Beute für deinen Gegner werden: Sie können sich nicht wegbewegen, dein Gegner aber schon. Und zack: weg ist der Bauer.

Figur weg, Vorteil für den Gegner. Pass also gut darauf auf, dass deine Bauern, vor allem die in der Mitte, genügend „Auslauf" haben.

Und wie auch schon bei den anderen Tipps gilt auch hier: Wenn dein Gegner diesen Fehler macht, kannst du das gnadenlos ausnutzen und dich darüber freuen, dass er es dir so leicht macht, zu gewinnen.

Was es mit Springern am Rand auf sich hat

Ein sehr altes Sprichwort im Schach besagt: „Ein Springer am Rand bringt Kummer und Schand."

Wieso dieses Sprichwort sich nicht nur reimt, sondern sich immer wieder bestätigt, erkläre ich dir jetzt.

Springer sind enorm flexibel einsetzbare Figuren. Sie spielen ihre Stärken bestmöglich aus, wenn sie zentral stehen und sich in alle Richtungen bewegen können. Wenn Springer hingegen am Rand des Spielbretts „geparkt" werden, führt das dazu, dass sie ihre Möglichkeiten nicht voll nutzen können und häufig „feststecken", und somit leicht geschlagen werden können. Im Notfall können sie ihre Position nicht so einfach verlassen.

Am besten ist es, wenn du einen sogenannten „ewigen Springer" im Spiel hast: Ewig meint doch unschlagbar, oder? Auf eine gewisse Art und Weise stimmt das sogar. Das bedeutet nämlich, dass der Springer so positioniert wird, dass er selbst fast unmöglich geschlagen werden, aber auf möglichst viele verschiedene Felder zugreifen kann. Am einfachsten funktioniert das, wenn der Springer in der Mitte des Spielbretts positioniert und durch einen oder sogar mehrere Bauern gedeckt wird. Dann kann er nicht geschlagen werden, ohne dass die angreifende Figur durch einen deiner Bauern geschlagen werden kann. Praktisch, oder?

Klug ist es auch, wenn du dafür sorgst, dass die Springer deines Gegners an den Rand des Bretts gedrängt werden. So entschärfst du eine mögliche Gefahr und kannst die Figuren schnell und unkompliziert schlagen.

Erfahrene Spieler merken das aber und werden sich nicht darauf einlassen.

Ab und zu klappt es aber trotzdem und versuchen kann man es ja, stimmts?

Was man unter dem „Idiotenmatt" versteht und wie du es umgehen kannst

Du bist ziemlich sicher kein Idiot, das weiß ich. Damit dir der Fehler „Idiotenmatt“ nicht passiert, solltest du jetzt gut aufpassen!

(Und natürlich, falls dein Gegner diesen Fehler begeht, wissen, wie du die Lage für dich nutzen kannst.)

Ein „Idiotenmatt“ wird die Situation genannt, wenn einer der Spieler schon nach wenigen Zügen Matt gesetzt wird.

Das Beispiel, das ich dir zeigen möchte, funktioniert sogar schon, wenn jeder Spieler nur zwei Züge macht.

1. Zug Weiß: Bauer von f2 zu f3
1. Zug Schwarz: Bauer von e7 zu e5
2. Zug Weiß: Bauer von g2 zu g4
2. Zug Schwarz: Dame von d8 zu h4

Am sinnvollsten ist es, wenn du die Züge probehalber ein paar Mal alleine auf dem Brett durchführst, damit dir in Fleisch und Blut übergeht, was du tunlichst vermeiden solltest.

Vermeiden kannst du das Idiotenmatt, indem du deinen König besser schützt. Wie genau das funktioniert (zum Beispiel durch die Rochade) habe ich dir bereits erklärt.

Was das „Schäfermatt" ist und wie du es umgehen kannst

Das sogenannte „Schäfermatt“ ist eine andere Variante, bei der bereits nach wenigen Zügen einer der Könige Matt gesetzt wird. Der Name „Schäfermatt“ kommt vom Überrumpeln des Spielers, wie ein Schaf vom Schäfer, wenn es eingefangen werden soll.

1. Zug Weiß: Bauer von e2 zu e4
1. Zug Schwarz: Bauer von c7 auf c6
2. Zug Weiß: Läufer auf c4 um den f7 Bauern anzugreifen
2. Zug Schwarz: Bauer von f7 auf f5
3. Zug Weiß: Dame auf h5

Das Schäfermatt wird am besten abgewehrt, wenn (in diesem Fall) Schwarz die angreifende Dame selbst angreift oder bedroht.

6

Interessantes aus der Welt des Schachs – Fakten, die dich zum Staunen bringen werden

In diesem Kapitel werde ich dir viele spannende, erstaunliche und interessante Geschichten und Fakten rund um das Schachspiel zeigen, die dich bestimmt überraschen werden.

Vielleicht hast du vom ein oder anderen Fakt bereits gehört. Umso besser, denn jetzt wirst du die Hintergründe verstehen.

Als der Computer schlauer als der Mensch wurde – und was Schach damit zu tun hat

Der Fakt, den ich dir zu aller erst präsentieren werde, hat mit einem Gerät zu tun, das dich jeden Tag umgibt und in vielen Bereichen deines Alltags eine wichtige Hilfe ist: und zwar mit dem Computer.

Dass Computer eine wichtige Rolle in unserem Leben spielen, ist noch nicht lange so. Heutzutage sind wir es gewohnt, dass überall Technik verbaut ist, die selbstständig denken und handeln kann und uns so viel mühsame Arbeit abnimmt: sei es im Handy, im Staubsaugerroboter, im Auto deiner Eltern und in vielen anderen Geräten.

Vor vielen Jahren waren Computer noch lange nicht so leistungsfähig wie heute. Sie konnten lediglich einfache Programme ausführen und rechnen.

Irgendwann war aber der Punkt erreicht, an dem Computer in der Lage waren, bessere und strategischere Entscheidungen zu treffen, als Menschen.

Dass dies so ist, wurde bei einer Partie Schach bewiesen.

Im Jahr 1996 (auch wenn du da noch nicht geboren warst, das ist noch gar nicht lange her!) gelang es einem Computer namens „Deep Blue" ein Schachspiel gegen den damals amtierenden Schachweltmeister Garri Kasparow zu gewinnen.

Das war wirklich ein denkwürdiges Ereignis, das zur damaligen Zeit und bis heute ein wichtiger Meilenstein im Bereich der künstlichen Intelligenz darstellt. Schach gilt als der Denksport schlechthin und zeigt das strategische Denken der Spieler und auch deren Intelligenz.

Als Deep Blue den Schachweltmeister geschlagen hatte, im Februar 1996 in Philadelphia in den USA, markierte dies den Siegeszug der Technik über menschliche Fähigkeiten, was vielen Skeptikern zeigte, wozu Computer in der Lage.

Ein absolut spannender Fakt zum Thema Schach, mit dem du sicherlich auch angeben kannst und der dein Allgemeinwissen um eine interessante Facette erweitert.

Das ist aber längst nicht das einzig Wissenswerte rund um das Thema Schach und Technik. Hast du schonmal etwas vom sogenannten „Schachtürken" gehört? Wenn nicht, dann lies gleich weiter!

Was es mit dem „Schachtürken" auf sich hat und warum wir ihn immer noch so spannend finden

„Was bitte soll denn ein Schachtürke sein?" wirst du dich jetzt wahrscheinlich fragen.

Und das kann ich gut verstehen. Aber eigentlich steckt hinter diesem Begriff eine wirklich spannende Geschichte! Ich hoffe, du bist genauso gespannt, wie ich es bin.

Der Schachtürke ist in erster Linie ein großer Schwindel: Angeblich war er der erste Roboter, der Schach spielen konnte.

Er wurde Mitte des 18. Jahrhunderts vom österreichischen Mechaniker und Hofbeamten Wolfgang von Kempelen erfunden und sollte so aussehen, als würde er selbstständig Schach spielen.

Die Erfindung wurde als „Schachtürke" bezeichnet, weil sie die Form und Größe eines Mannes in traditionell türkischer Kleidung hatte.

Der Schachtürke konnte seine Figuren selbstständig bewegen und die Züge seines Gegners mit Gesten kommentieren.

Der Schachtürke wurde häufig vor Publikum vorgeführt und gewann fast alle Schachpartien, angeblich auch gegen den berühmten Staatenlenker Friedrich den Großen.

Der Schwindel ist aber irgendwann aufgeflogen: Als der Schachtürke auf einem Jahrmarkt eingesetzt wurde und ein Feuer ausbrach, trat der menschliche Schachspieler, der in dem Gerät versteckt war, aus seiner Hülle hervor, um sich in Sicherheit zu bringen.

Was uns der Schachtürke heute noch lehren will? Ganz einfach: Hinterfrage Dinge, die dir merkwürdig vorkommen immer kritisch.

Ein Schachcomputer oder Roboter wäre vor 300 Jahren technisch einfach nicht möglich gewesen. Die Leute haben sich aber dennoch blenden lassen und sind auf den Trick hereingefallen.

Was die Weizenkornlegende uns sagen möchte und warum sie so berühmt ist

Die sogenannte Weizenkornlegende ist der berühmteste Mythos rund um das Thema Schach. Sie ist extrem lehrreich und auch du wirst sicherlich erstaunt sein darüber, was sie aussagt. Die Legende stammt aus dem alten Indien und soll erklären, wie das Schachspiel damals entstanden ist.

Zu der Zeit, zu der die Legende spielt, herrschte eine große Hungersnot im Land. Der Herrscher Shihram war grausam und ließ sein Volk hungern. Er selbst lebte aber in großem Überfluss.

Es gab jedoch einen weisen Mann namens Sissa, der dem grausamen König zeigen wollte, dass sein Volk unter den Bedingungen war und dass der König ohne sein Volk ein Nichts sei.

Deshalb erfand er ein Spiel, in dem der König zwar die wichtigste Spielfigur ist, aber ohne die anderen Figuren und vor allem ohne die einfachen Bauern vollkommen machtlos ist: Ein Spiel, das unserem Schach ähnlich war.

Shihram war von der Leistung des Erfinders beeindruckt und sorgte dafür, dass das Spiel im gesamten Land verbreitet wurde. Als Dank wollte er dem Erfinder des Spiels einen Wunsch seiner Wahl erfüllen: Und Sissa wäre nicht so ein weiser und gelehrter Mann, wenn er sich nicht etwas gewünscht hätte, mit dem er dem grausamen Herrscher nicht wieder eins hätte auswischen können:

Der weise Mann wünschte sich von dem grausamen Herrscher für jedes Feld auf dem Schachbrett Weizenkörner (in manchen

Überlieferungen sind es auch Reiskörner, das ändert aber nichts an der Aussage der Legende).

Für das erste Feld wünschte er sich ein einzelnes Weizenkorn, für das zweite zwei Körner, für das dritte vier Körner, für das vierte acht Körner und immer so weiter. Für jedes weitere Feld verdoppelte er die Anzahl der Körner, die er sich wünschte. (Wir erinnern uns kurz: Ein Schachspiel hat genau 64 Felder.)

Der Herrscher Shihram fand den kleinen Wunsch des weisen Mannes lächerlich, lachte ihn aus und wollte ihm den Wunsch erfüllen.

Er war davon ausgegangen, dass der weise Mann sich Gold, ein Schloss oder sonstigen Reichtum wünschte und war froh, dass er nur so einen vergleichsweise bescheidenen Wunsch äußerte.

Der Herrscher dachte jedoch nicht so weit, wie es der weise Mann zuvor getan hatte: Er musste unglaubliche 18 Trillionen Weizenkörner aufbringen! Damit du dir diese Zahl besser vorstellen kannst: Das entspricht 730 Milliarden Tonnen Weizen. So viel wird auf der gesamten Erde heute innerhalb eines ganzen Jahres geerntet.

Als einige Zeit vergangen war, fragte Shihram bei seinen Bediensteten nach, ob der weise Mann bereits seine Belohnung bekommen habe.

So viele Körner hatte der König aber gar nicht in seiner Kornkammer. Wie genau die Legende ausgeht, ist nicht direkt überliefert, du kannst es dir also selbst ausdenken.

Was meinst du? Hat der weise Mann die Weizenkörner bekommen, um die Hungersnot im Volk besiegen zu können?

Die Geschichte ist immer noch sehr aktuell: Sie kann dir dabei helfen, exponentielles Wachstum zu verstehen oder auch anderen Kindern zu erklären.

Man denkt gar nicht, dass der Wachstumsprozess nur schon bei einer Verdopplung des vorangegangenen Werts so rasant stattfindet. Ein Wunderwerk der Mathematik, oder einfach nur Naturwissenschaft?

Obwohl die Legende in Indien spielt, stammt sie wohl aus dem arabischen Raum und wurde vor über tausend Jahren verfasst. Sogar zu dieser Zeit waren einige Mathematiker in der Lage, die genaue Berechnung der Reiskörner vorzunehmen. Auch unglaublich, oder?

Auf jeden Fall eine spannende und interessante Geschichte, von der wir vieles lernen können.

Wie du mit Schach zum Star werden kannst – Magnus Carlsen und was ihn auszeichnet

Wenn du richtig gut im Schach bist, kannst du damit sogar berühmt werden. Wie genau das funktioniert, erkläre ich dir jetzt!

Magnus Carlsen könnte ein ganz normaler norwegischer junger Mann Anfang 30 sein. Ist er aber nicht! Er hat es mit seinem überdurchschnittlichen Talent im Schach dazu gebracht, dass er seit 2013 durchgängig Schachweltmeister ist.

In seiner Heimat und auch weltweit ist er ein richtiger Star geworden. Es gibt sogar einen Film über ihn: „Magnus – Der Mozart des Schachs“.

Er ist die Nummer 1 in der Weltrangliste, seit 2010 fast ununterbrochen und das sogar als jüngster Spieler aller Zeiten. Auch seine ELO-Zahl hat schon einen Weltrekord gebrochen.

Zugegeben, die allerwenigsten Schachspieler erreichen auch nur ansatzweise ein ähnliches Niveau wie Carlsen. Trotzdem finde ich es ziemlich motivierend zu wissen, dass man auch mit Schach ein Star und berühmt werden kann.

Vielleicht wirst du ja der nächste Magnus Carlsen?

Was man unter Großmeister im Schach versteht und wie du einer von ihnen werden kannst

„Großmeister", das klingt doch einfach schon richtig gut, oder? Aber was genau sind eigentlich Großmeister und wie kannst du einer von ihnen werden?

Das werde ich dir in diesem Kapitel erklären.

Großmeister zu werden ist ein Traum für viele Schachspieler und eine extrem hohe Auszeichnung: Obwohl Millionen (oder vielleicht sogar Milliarden?) Menschen auf der Welt Schach spielen, dürfen sich nur ungefähr 1.500 Menschen als Großmeister im Schach bezeichnen. Man muss also wirklich gut sein, um sich mit dieser Auszeichnung schmücken zu dürfen.

Der Titel des Großmeisters ist die höchst mögliche Auszeichnung für Schachspieler (abgesehen vom Weltmeister) überhaupt. Wenn man den Titel einmal hat, dann hat man ihn auf Lebenszeit, vergeben wird er übrigens seit 1950.

Wenn du ein Mädchen bist, hast du einen besonders großen Ansporn, Großmeister zu werden: Bislang haben es nur 35 Frauen geschafft, den Titel zu erhalten. Da lohnt es sich doch umso mehr, wenn du dich richtig ins Zeug legst, oder?

Der Titel hört sich übrigens nicht nur gut an, sondern ist mit sehr vielen Vorteilen für den jeweiligen Träger verbunden: Großmeister dürfen an vielen nationalen und internationalen Schachturnieren kostenlos teilnehmen und bekommen häufig sogar Unterkunft und Verpflegung gestellt. Quasi kostenloser Schachurlaub. Na, habe ich dich jetzt neugierig gemacht, wie genau der Titel verliehen wird?

Um Großmeister zu werden, muss man den Titel vom Internationalen Schachverband FIDE (Fédération Internationale des Échecs) verliehen bekommen. Um wirklich so weit aufsteigen zu können und diesen begehrten Titel zu erhalten, müssen sogenannte Normen erfüllt werden, die bei internationalen Turnieren erlangt werden können. Außerdem muss man eine bestimmte Mindestpunktzahl im Schachranking erreichen. Wie genau das funktioniert, erkläre ich dir noch.

Jetzt kommen meine ultimativen Tipps, wie auch du es schaffen kannst, zum Großmeister aufzusteigen!

1. Fang so früh wie möglich an!

   Wenn du schon als Kind damit anfängst, regelmäßig Schach zu spielen (und das möchtest du ja, sonst würdest du dieses Buch gerade nicht gelesen), bringt dir das viele Vorteile: Wie beim Lernen einer Fremdsprache oder eines Musikinstruments, fällt es Kindern deutlich leichter, Schach zu erlernen, als Erwachsenen.

   Außerdem hast du einen enorm hohen Vorsprung vor Menschen, die erst als Erwachsene damit anfangen, Schach zu lernen. Wenn du die Zeit sinnvoll damit verbringst, regelmäßig zu trainieren, wird dir als Erwachsener so schnell niemand das Wasser reichen können.

2. Arbeite an dir, so hart du kannst!

   Je mehr und je härter du trainierst, desto besser wirst du mit der Zeit. Es ist noch kein Meister vom Himmel gefallen und erst recht kein Großmeister. Selbst die besten und talentiertesten Schachspieler müssen regelmäßig und intensiv trainieren, um ihre Fähigkeiten aufrechtzuerhalten und auszubauen. Wenn du täglich trainierst und auch gezielt an deinen Schwächen arbeitest, hast du gute Chancen.

Übrigens: Trete gegen Spieler an, die unterschiedlich gut sind! Das wird dir auch enorm weiterhelfen. Du wirst, wenn du gegen Spieler spielst, die deutlich besser sind als du, lernen, wo genau du dich noch verbessern musst, bei Spielern, die genau so gut sind wie du, dein eigenes Verhalten spiegeln und dich reflektieren können und bei Spielern, die dir das Wasser nicht reichen können, sehen, wo andere Spieler ihre Defizite und Fehler in den Strategien haben.

3. Nimm an so vielen Turnieren teil, wie du kannst!

   Je öfter du an Turnieren teilnimmst, desto besser werden deine Fähigkeiten. Schach auf Turnieren weist einige Besonderheiten auf (welche genau, erkläre ich dir im nächsten Kapitel), die du so trainieren kannst.

   Je häufiger du teilnimmst, desto mehr Wettkampferfahrung kannst du sammeln, deine Psyche trainieren, dein Zeitmanagement verfeinern und von deutlich besseren Spielern lernen. Ein riesiger Gewinn für deine Karriere als Schachprofi!

4. Du musst drei Normen erzielen!

   „Was bitte sind Normen?“, wirst du dich jetzt fragen. Ganz einfach: Normen sind Erfolge auf internationalen Turnieren.

   Um bei einem Turnier eine Norm erzielen zu können, müssen mindestens drei Großmeister aus unterschiedlichen Ländern daran teilnehmen und es müssen neun Runden mit einer Bedenkzeit von mindestens zwei Stunden gespielt werden. Eine weitere Voraussetzung ist, dass ein die Anwesenheit eines internationalen Schiedsrichters vor Ort und dass mindestens 2600 ELO-Punkte während des Turniers erzielt werden können.

   (Mehr zum Turnierschach gibt es im nächsten Kapitel!)

5. Du musst die ELO-Punkte sammeln!

   Außerdem musst du einen ELO-Score von mindestens 2.500 erreicht haben, um als Großmeister anerkannt zu werden.

Was man unter Turnierschach versteht und wo die Besonderheiten liegen – Ein kurzer Exkurs

Schach während Turnieren ist eine extrem spannende Sache. Hier gibt es allerdings ein paar Besonderheiten zu beachten, die ich dir jetzt erklären werde.

Für die Ausrichtung der meisten nationalen und internationalen Schachturniere ist die FIDE verantwortlich. Die Regeln, die die FIDE aufgestellt hat, gelten für alle Teilnehmer verbindlich.

Bei Turnieren können sowohl einzelne Spieler als auch Teams antreten. Die wichtigsten Turniere für einzelne Spieler sind das Tata-Steel-Turnier und das Linares International Turnier. Für Teams ist die Schacholympiade am bedeutendsten. Hier treten verschiedene Teams für ihr jeweiliges Land an und spielen wie bei den olympischen Spielen darum, für ihr Land einen Titel zu erlangen.

Die Regeln für Schachturniere werden, wie schon erklärt, von der FIDE in verschiedenen Kapiteln festgelegt. Die wichtigsten Regeln werde ich dir jetzt erklären!

1. Es wird mit Schachuhr gespielt!

   Bei Turnieren wird immer mit Schachuhren gespielt. Das bedeutet, dass vorher festgelegt wird, wie viel Bedenkzeit die Spieler pro Partie haben. So kann ungefähr abgeschätzt werden, wie lange die Spiele jeweils dauern.

   Wenn die Zeit dann abläuft, ist das Spiel vorbei.

Jede Schachuhr hat zwei separate Zeitanzeigen, für jeden Spieler eine. Der Spieler, bei dem die Zeit abgelaufen ist, obwohl das Spiel noch nicht beendet wurde, hat verloren.

2. Bei Regelverstößen entscheidet der Schiedsrichter!

   Wenn einer der Spieler einen unerlaubten Zug macht, muss er zurückgenommen werden. Der Schiedsrichter muss dann entscheiden, ob auch die Uhren zurückgestellt werden, oder ob der Spieler, der den Regelverstoß begangen hat, als Strafe Zeit verliert.

3. Alle Züge werden aufgezeichnet!

   Bei Turnieren ist es verpflichtend, dass alle Züge notiert werden, um so hinterher nachvollziehen zu können, wie das Spiel abgelaufen ist und bei Streitereien eine bessere Entscheidungsgrundlage zu haben.

4. Die Endspurtphase ist besonders spannend!

   Die letzten Spielzüge müssen während eines Turniers unter besonders viel Zeitdruck durchgeführt werden. Das ist zwar deutlich anspruchsvoller, bietet aber einen ziemlich großen Nervenkitzel und steigert das Niveau. Auch als Zuschauer kann das besonders spannend sein!

5. Es wird um Punkte gespielt!

   In Schachturnieren gibt es wie bei einer Fußball-WM immer mehrere Spielrunden. Und auch wie im Fußball wird hier um Punkte gespielt. Bei einem Sieg gibt es einen Punkt, bei einem Remis einen halben Punkt und wenn das Spiel verloren wird, keinen Punkt.

   Wer am Ende die meisten Punkte hat, gewinnt das Turnier.

6. Es gibt einen strengen Verhaltenskodex!

   Hier merkt man dann doch, dass Schach ein Spiel mit Tradition und teilweise sehr steif ist.

Ähnlich wie im Knigge fürs Schachspiel, den ich dir zu Beginn des Buches gezeigt habe, gibt es auch in Turnieren besonders strenge Verhaltensregeln für die Teilnehmerinnen und Teilnehmer. Oberstes Ziel ist, dass alle Verhaltensweisen verboten sind, die dem Ansehen des Schachs in irgendeiner Weise schaden könnten.

Damit das Spiel fair ist, dürfen die Turnierteilnehmer nicht mit der Außenwelt kommunizieren. Sonst wäre es ja einfach, jemanden mit mehr Erfahrung oder Können um Rat zu fragen, wenn das Spiel besonders knifflig ist.

Aber auch mit anderen Teilnehmern des gleichen Turniers darf während der Partie nicht kommuniziert werden, um keine Tipps zu erhalten. Die Regeln sind sogar so streng, dass ein Spieler ohne Erlaubnis des Schiedsrichters den Ort, an dem das Turnier stattfindet, nicht verlassen darf. Auch Handys und Tablets sind während des Turniers verboten. Für das Rauchen gibt es auch besondere Regeln, es darf nämlich nur an ganz wenigen, vorher festgelegten Orten geraucht werden.

Mit einer der schlimmsten Verstöße ist, wenn ein Spieler versucht, seinen Gegner abzulenken. Dann droht ein Rauswurf aus dem Turnier.

Bei allen anderen Verstößen gegen den Verhaltenskodex wird das jeweilige Spiel beendet. Der Übeltäter hat das Spiel automatisch verloren.

7. Schiedsrichter haben viele verschiedene Aufgaben!

Schiedsrichter haben während Schachturnieren sehr viele unterschiedliche Aufgaben. Sie können zum Beispiel Spieler verwarnen (quasi die gelbe Karte), vom Spiel ausschließen (die rote Karte), Einfluss auf die verbleibende Bedenkzeit der Spieler nehmen und entscheiden, ob und wie viele Punkte die Spieler für das Spiel erhalten.

Wie die erste Schachpartie im All abgelaufen ist – Schach erobert neue Welten

Kaum zu glauben, aber wahr: Schach wurde sogar schon im Weltall gespielt! Was genau hinter dieser verrückten Geschichte steckt, wirst du jetzt erfahren. Sei gespannt, es lohnt sich!

Die erste Schachpartie im Weltraum ist sogar schon ziemlich lange her, und zwar mehr als 50 Jahre!

Genauer gesagt wurde sie außerhalb der Erdatmosphäre am 9. Juni 1970 gespielt und zwar auf dem Raumschiff Sojus 7.

Das Spiel fand tatsächlich nicht nur im Raumschiff statt, sondern wurde zwischen der Besatzung und der Bodenstation, die für das Raumschiff zuständig war, im russischen Baikonur, gespielt.

Die beiden Astronauten waren die sowjetischen Männer Witali Sewastjanow und Andrijan Nikolajew (Team Weiß) und die Gegner in der Bodenstation Nikolai Kamanin und Wiktor Gorbatko (Team Schwarz).

Wie genau lief das Spiel, das am Ende mehr als sechs Stunden dauerte, ab? Um gegen die Schwerelosigkeit im Raumschiff immun zu sein, waren die Schachfiguren am Schachbrett mit einer Art Stecker ausgestattet und konnten so nicht davonfliegen. Magnetische Figuren wären nicht möglich gewesen, weil sie die empfindlichen Instrumente an Bord gestört hätten.

Die beiden Teams übermittelten sich ihre Züge jeweils über Funk, was dazu führte, dass die Zeiten zwischen den Zügen sehr lange dauerten. In der Zeit der Partie umrundete das Raumschiff die Erde ganze vier Mal.

Die Partie bestand aus 35 Zügen und endete mit einem Remis. Weil die Astronauten sich mit der historischen Partie so um das

Schachspiel verdient gemacht hatten, wurden sie hinterher dafür mit Auszeichnungen überhäuft und Ehrenmitglieder des sowjetischen Schachverbandes.

Wie du im Internet Schach spielen kannst und warum das viel Spaß bereitet

Schach ist in den letzten Jahren immer populärer geworden und das liegt auch an einem Grund, mit dem du bestimmt nicht gerechnet hättest: dem Internet.

Wie kann das sein? Ganz einfach: Früher waren Schachspieler immer darauf angewiesen, einen anderen Spieler zu finden, gegen den sie spielen konnten. Die Auswahl war da natürlich relativ begrenzt oder es wurde schnell eintönig, gegen die gleichen Kandidaten zu spielen.

Außerdem brauchte man immer jemanden, der einem die Regeln gut erklären konnte und auch darauf geachtet hat, dass man sie richtig anwendet.

Heute gibt es noch die zusätzliche Möglichkeit, Schach über das Internet zu spielen. Dies bietet extrem viele Vorteile, die ich dir gleich erklären werde.

Trotzdem möchte ich an dieser Stelle kurz erwähnen, dass Schachspiele über das Internet natürlich nicht den persönlichen Kontakt zu anderen Schachspielern ersetzen. Es ist einfach ein ganz anderes Gefühl, vor einem Handy, Tablet oder Computer zu sitzen und Schach zu spielen, als dem Gegner gegenüber zu sitzen und in angenehmer Atmosphäre eine gute Partie Schach zu spielen.

Man lernt dadurch viel über andere Menschen, kann neue Leute kennenlernen und es macht einfach Spaß! Vernachlässige das „richtige" Spiel also bitte nicht.

Beginnen wir jetzt mit den Möglichkeiten, am Computer Schach zu spielen:

Du kannst, wenn du am Handy oder am Computer Schach spielst entweder gegen ein Computerprogramm spielen, bei dem du die Schwierigkeit selbst einstellen kannst, oder gegen einen „richtigen" Gegner, also einen anderen Menschen, der irgendwo anders auf der Welt in genau diesem Moment mit dir Schach spielt.

Welche Option du bevorzugst, kannst ganz allein du entscheiden.

Mir persönlich gefällt die Vorstellung, gegen einen richtigen Menschen zu spielen, besser, als gegen einen Computer zu spielen. Aber das ist absolute Geschmackssache.

Du kannst so zu jeder Zeit, rund um die Uhr Schach spielen. Und das ist wirklich großartig! Außerdem bist du so in der Lage, gegen unterschiedliche Personen mit unterschiedlichen Stilen zu spielen und so enorm viel zu lernen.

Jeder Gegner ist anders und von jedem Gegner kannst du etwas anderes lernen!

Es gibt jede Menge Apps, mit denen du Schach spielen kannst und auch zahlreiche Internetseiten.

Ich möchte dir ein paar dieser Webseiten vorstellen, das soll jedoch keine Werbung sein. Ich habe kein Geld dafür bekommen, dir die Seiten zu empfehlen und berichte absolut neutral.

Die Seiten, die ich dir vorstelle, sind alle kostenlos und meist durch Werbung finanziert.

Ich persönlich würde dir auch immer empfehlen, lieber am Laptop oder Computer zu spielen und dir ausreichend Zeit zu nehmen, als zwischen Tür und Angel am Handy für ein paar Minuten Schach zu spielen.

Ich habe das Gefühl, dass man das Spiel sonst nicht ernst nimmt und nicht mit voller Konzentration bei der Sache ist.

Aber vielleicht siehst du das anders und machst andere Erfahrungen!

Die beliebteste Seite in Deutschland, um Schach zu spielen ist schach.de. Hier gibt es mehr als 300.000 regelmäßige Nutzer. Das Angebot ist selbsterklärend und sieht auch ansprechend aus.

Die Seite ist für Spieler aller Erfahrungsstufen geeignet, vom blutigen Anfänger bis zum Profi.

Hier gibt es auch jede Menge Tipps und Erklärungen, wie genau Schach gespielt wird.

Auf der Seite des Schachbundes (www.schachbund.de) gibt es auch ein sehr liebevoll gestaltetes Angebot, das dir viele Tipps gibt und mit dem du dich verbessern kannst. Probiere es einfach einmal aus!

Es gibt auch eigene Seiten für Kinder, die ein spezielles Angebot für junge Schachspieler bereithalten. Die Seiten sind meistens besonders hübsch und ansprechend aufgemacht, zum Beispiel chesskid.com oder sparkchess.com.

Viele Angebote für Kinder sind jedoch kostenpflichtig und relativ teuer. Ich an deiner Stelle würde erst einmal die kostenlosen Angebote für Erwachsene ausprobieren. Wenn du dann damit zufrieden bist, kannst du ja gerne dabei bleiben.

Wenn dir keine der Seiten zusagt, die ich vorgeschlagen habe, kannst du einfach weiter recherchieren. Gib in einer Suchmaschine „Schach online kostenlos“ ein und du wirst jede Menge Angebote finden. Frag aber auf jeden Fall immer deine Eltern um Rat, bevor du dich irgendwo anmeldest. Das ist ganz wichtig!

7

Die besten geheimen Tricks und Kniffe und wie du sie am besten nutzen kannst

In diesem Kapitel werde ich dir einige geheime Tricks und Kniffe rund um das Schachspiel erklären, mit denen du deinen Gegner garantiert überraschen wirst.

Aber psssst, nicht weitersagen!

Wie du mit dem Pokerface deinen Gegner austricksen kannst – Schauspielern leicht gemacht

Wir haben zwar gelernt, dass du deinen Gegner nicht vom Spiel ablenken darfst, indem du ihn in ein Gespräch verwickelst oder andere Tricks benutzt, was aber erlaubt ist, ist das Pokerface.

Wir haben schon bei den Eröffnungsfallen kurz darüber gesprochen, was das Pokerface ist und wie du es einsetzen kannst: Versuche immer, möglichst neutral zu schauen und es deinem Gegner unmöglich zu machen, anhand deines Gesichtsausdruckes herauszufinden, was du denkst oder wie du deine nächsten Züge planst. Lass dir nicht in deine Karten schauen! Auch, wenn dein Gegner gerade deine Strategie durchkreuzt hat oder dich anderweitig in

Schwierigkeiten bringt: Bleib locker und entspannt. Lass dir deine Verunsicherung nicht anmerken!

Andersherum geht es aber auch: Wenn du einfach so tust, als wärst du überfordert und wüsstest nicht, wie du dich verhalten sollst, wiegt das deinen Gegner in falsche Sicherheit und er wird eher dazu neigen, dich zu unterschätzen. Dann gibt er sich vielleicht weniger Mühe und du hast es einfacher, zu gewinnen.

Das klingt doch eigentlich ganz spannend, oder? Übe doch am besten einfach schon vor dem Spiegel, mit welchen Blicken du besonders überfordert aussiehst oder besonders selbstsicher oder besonders neutral.

Übung macht auch hier den Meister!

Wie du mit Selbstvertrauen häufiger gewinnen kannst – psychologische Kriegsführung

Auch dieser Tipp hat nichts mit geheimen Schachzügen oder dem Spiel an sich zu tun, sondern funktioniert über dein Denken und über Psychologie.

Wenn du mit der Einstellung in jede Partie gehst, dass du gewinnen wirst, wirst du viel wahrscheinlicher erfolgreich sein, als wenn du diese Einstellung nicht verinnerlicht hast.

Das nennt sich selbsterfüllende Prophezeiung oder auch positive Psychologie.

Wenn du selbst daran glaubst, dass du gewinnen wirst, wird sich das in deinem Unterbewusstsein festsetzen und du wirst deutlich erfolgreicher spielen. Du musst aber auch wirklich davon überzeugt sein, dass du gewinnen wirst!

Wie vier Fragen vor jedem Zug dir helfen, ein erfolgreicherer Schachspieler zu werden

Es gibt vier Fragen, die du dir vor jedem deiner Züge stellen solltest, damit du die gesamte Situation objektiv bewerten kannst und so gut wie keine Fehler mehr machst.

Du solltest niemals einfach irgendeinen Zug machen, nur, damit du deinen Zug erledigt hast. Wenn du dir die vier Fragen, die ich dir jetzt vorstelle vor jedem Zug stellst, wirst du so den bestmöglichen Zug finden und viel größere Chancen haben, zu gewinnen:

1. Stehe ich mit diesem Zug sicherer da als zuvor?

   Frage dich, was genau der Zug dir bringt. Wirkt er sich positiv auf deine Situation aus? Kannstdu deinem Gegner damit Schaden zufügen? Oder hilft er dir dabei, dass deine Figuren sicherer sind? Kannst du mindestens eine der Fragen mit „ja" beantworten, dann ist das schon einmal eine gute Voraussetzung.

2. Verliert durch diesen Zug eine wichtige Figur, wie zum Beispiel die Dame oder der König, ihren Schutz und wird verwundbar?

   Schaue dir genau an, ob eine deiner Figuren, vor allem deiner wichtigen Figuren, durch den Zug einen Nachteil erleidet? Wird sie leichter angreifbar oder verliert sie ihren Schutz? Dann solltest du dir gut überlegen, ob sich der Zug für dich lohnt. Meist musst du dann zwischen verschiedenen Optionen abwägen. Je häufiger du das tust, desto geübter wirst du am Ende sein.

3. Begibt sich die Figur, die ich ziehen möchte, in Gefahr, sodass ich sie wieder zurückziehen muss und dadurch zwei wertvolle Züge verliere?

   Achte darauf, ob die Figur, die du ziehen möchtest, sich eventuell direkt in Gefahr begibt. Ist das Feld, auf das du die Figur setzen möchtest, sicher? Frage dich auch, ob vielleicht nicht schon im nächsten, sondern erst im übernächsten Zug Gefahr besteht. Es wäre ärgerlich, wenn du deine Figur in deinem nächsten Zug wieder zurückziehen müsstest: Du hättest damit zwei wertvolle Züge verschwendet, in denen du schon deutlich mehr hättest erreichen können.

4. Wird mein Gegner mit diesem Zug unter Druck gesetzt und muss er auf ihn reagieren?

   Am besten ist es, wenn du in der Partie den Ton angibst und deinen Gegner unter Druck setzt. Wenn du das Zepter in der Hand hältst und deinem Gegenspieler die Pistole auf die Brust setzt, ist das viel sinnvoller, als wenn du immer nur auf die Züge deines Gegners reagieren musst, um dich zu verteidigen. Gehe also ab und zu ein Risiko ein, um deinem Gegner Feuer unter dem Hintern zu machen.

Wenn du dir diese Fragen vor jedem deiner Züge und vor allen möglichen Optionen, die dir zur Verfügung stehen stellst, wirst du deutlich erfolgreicher Schach spielen. Probiere es einfach aus. Je häufiger du so vorgehst, desto automatischer wird diese Denkweise ablaufen.

Warum du niemals überstürzt handeln und deine Trümpfe nicht direkt ausspielen solltest

Okay, der Spruch mit den Trümpfen in der Hand kommt eher aus dem Jargon der Kartenspieler. Dennoch passt er auch hier perfekt.

Wenn der Vorteil auf deiner Seite ist, solltest du trotzdem nicht immer sofort handeln, sondern erst abwarten, ob sich nicht doch noch eine bessere Gelegenheit bietet. Ab und zu wirst du dadurch Chancen ungenutzt lassen, aber dadurch teilweise noch bessere Chancen erzielen.

Es gibt das Sprichwort: „Man kann zwar die Schlacht verlieren, aber trotzdem den Krieg gewinnen."

Das solltest du im Schachspiel immer im Hinterkopf behalten.

Wenn dein Gegner einen Angriff startet und in dieser Situation als Sieger hervorgeht, kannst du trotzdem noch das Spiel an sich gewinnen.

Das geht zum Beispiel, wenn dein Gegner alles daran setzt, den „kleinen Kampf" zu gewinnen und seine Ressourcen und seine Aufmerksamkeit vollständig in diese Situation investiert.

Du kannst sie aber für dich nutzen, um deine Strategie weiter durchzuziehen und damit die gesamte Partie zu gewinnen. Warte mit deinen Angriffen auf den richtigen Moment, in dem es deinem Gegner richtig weh tut!

Zugegeben: Es braucht ein bisschen Übung und auch eine gewisse Gelassenheit, um diese Einstellung zu entwickeln und erfolgreich anzuwenden.

Am Anfang wird dir jeder kleine Zweikampf, den du verlierst, wehtun. Aber wenn du dann merkst, dass dir diese Opfer dabei helfen, zu gewinnen, wird es dir deutlich leichter erscheinen.

Warum du dich niemals unter Druck setzen lassen solltest – Spiele in deinem eigenen Tempo

Vor allem bei erfahrenen Gegnern, die ihre Züge und Strategien sehr schnell planen und umsetzen, fühlen sich Anfänger häufig dazu genötigt, mitzumachen und überstürzt und voreilig zu handeln.

Das ist aber sehr gefährlich für deinen Sieg!

Lass dich niemals von deinem Gegner stressen und nimm dir immer die Zeit, die du benötigst.

Manchmal ist es auch Strategie des Gegners, Druck aufbauen zu wollen. Lass dich dadurch bloß nicht verunsichern!

Du kannst den Spieß aber umdrehen: Viele Spieler verunsichert es, wenn ihr Gegner sich sehr viel Zeit lässt, zu überlegen, welcher Zug als nächstes an der Reihe ist. Das kannst du für dich nutzen und dir ausgiebig Zeit lassen, selbst wenn du eigentlich weißt, wie du weiter vorgehen möchtest.

Dein Gegner denkt dann vielleicht, dass du eine komplizierte und nur schwer zu durchschauende Aktion planst, und wird dich völlig falsch einschätzen.

Wenn du aber in einer Partie bist, in der mit Schachuhren auf Zeit gespielt wird, solltest du diesen Tipp nicht unbedingt zu häufig anwenden.

Warum du im Zweifelsfall den Läufer retten und den Springer aufgeben solltest

Wir haben zwar gelernt, dass Läufer und Springer in Bauerneinheiten den gleichen Wert besitzen. Trotzdem ist der Läufer im Zweifelsfall und vor allem im Endspiel deutlich wertvoller und bringt dir mehr. Warum das so ist? Ganz einfach:

Läufer haben einen größeren Bewegungsradius und mehr Kontrolle über das Spielfeld. Zu Beginn der Partie ist ein Springer vielleicht sinnvoller, weil er sich auch über noch ziemlich stark bevölkerte Spielbretter bewegen kann, aber wenn es dann in der entscheidenden Situation darauf ankommt, kannst du dich eher auf den Läufer verlassen.

In einer schwierigen Lage, wenn du entscheiden musst, welche Figuren du behalten und welche du opfern sollst, solltest du also immer erst den Springer opfern und den Läufer behalten.

Beachte das auch in umgekehrten Situationen: Wenn du die Wahl hast, entweder einen Springer oder einen Läufer deines Gegners zu schlagen, nimm auf jeden Fall den Läufer! So hast du im Endspiel die deutlich besseren Karten.

Weshalb du gut auf deine Bauern achtgeben solltest – die wohl am häufigsten unterschätzten Figuren auf dem Schachbrett

Bauern sind wahre Multitalente, werden aber häufig unterschätzt! Sie sind vor allem gegen Ende des Spiels enorm wichtig: Wenn das Brett sich geleert hat, kannst du sie absolut vielseitig einsetzen: Ob als Schutzschild für deinen König, um Druck aufzubauen, weil du sie in Figuren deiner Wahl eintauschen kannst, als Blockade der gegnerischen Figuren oder als Ablenkungsmanöver. Bauern sind toll!

Hier sind Tipps, wie du das Beste aus deinen Bauern herausholen kannst:

Achte möglichst darauf, dass du keine Doppelbauern ins Spiel bringst. Doppelbauern sind zwei Bauern, die direkt hintereinander auf einer vertikalen Linie stehen, also zum Beispiel, wenn du eine andere Figur geschlagen hast.

Doppelbauern bremsen sich gegenseitig aus und du verschenkst so eine Menge Potenzial.

Was du aber auf jeden Fall tun solltest: Deine Bauern so eng wie möglich zusammenarbeiten lassen. Die Bauern sollten horizontal in den Reihen so aufgestellt sein, dass sie sich gegenseitig decken und unterstützen können. Du hast dann quasi eine Wand aus deinen Bauern geschaffen, die so leicht nicht aus dem Weg geräumt werden kann und die dir dabei hilft, das Spielfeld zu kontrollieren.

Es ist auch deutlich einfacher, deine Bauern umzuwandeln, wenn sie als Grüppchen funktionieren. Noch ein Tipp: Sieh deine Bauern also als eine Art Einheit: Ein Bauer alleine ist nicht besonders mächtig, viele Bauern zusammen können dir aber den Sieg bringen.

Unterschätze also niemals deine Bauern.

Und noch viel wichtiger: Unterschätze niemals die Bauern deines Gegners. Alle Tipps zum Thema Bauern, die ich dir gegeben habe, gelten natürlich auch für ihn. Auch er kann mit seinen Bauern das Spielfeld blockieren und eine Wand quer über das Spielfeld ziehen.

Lass es am besten gar nicht so weit kommen und versuche, bereits zu Beginn der Partie möglichst viele Bauern aus dem Spiel zu werfen.

8

Besondere Arten, Schach zu spielen und warum du sie einmal ausprobieren solltest

In diesem Kapitel möchte ich dir einige besondere Variationen des Schachspiels vorstellen. Manche der Varianten sind besonders für Anfänger geeignet, andere eher für Fortgeschrittene. Alle machen auf ihre Weise jeweils unglaublich viel Spaß.

Probiere dich doch einfach mal durch, es wird sich lohnen!

Auf Zeit spielen – Der besondere Kick mit Schachuhr

Du hast ja bereits gelernt, wie Turnierschach abläuft, und dass dabei Schachuhren verwendet werden. Vielleicht magst du das ja auch einmal ausprobieren? Du kannst die Schwierigkeit auch langsam steigern: Erst stellst du eine relativ lange Bedenkzeit ein, die du dann immer weiter verkürzen kannst. Je weniger Bedenkzeit du pro Partie hast, desto anspruchsvoller wird das Spiel und desto schwieriger wird es, einen kühlen Kopf zu bewahren und sinnvolle Strategien zu entwickeln. Viele Spieler verfallen unter Zeitdruck in Panik – aber keine Sorge: Mit regelmäßiger Übung wird dir auch das nicht mehr passieren. Wenn du regelmäßig auf Zeit spielst, bereitet dich das auch richtig gut auf deine ersten Turniere vor. Also los: Nichts wie ran an die Schachuhren!

Bauernschach – eine gute Option für blutige Anfänger

Bauernschach ist ideal für Anfänger und ganz einfach zu spielen: Jeder Spieler erhält zu Beginn acht Bauern und keine weiteren Figuren. Das Ziel des Spiels ist es jetzt, mit einem Bauern die Grundreihe des Gegners zu „stürmen". Der Spieler, der es schafft, einen seiner Bauern als erstes auf der gegenüberliegenden Seite ankommen zu lassen, gewinnt die Partie.

Klingt langweilig? Ist es aber wirklich nicht. Eine Strategie sollte man sich schon überlegen, sonst geht man schnell als Verlierer vom Feld.

Je nachdem, wie dir das Spiel gefällt, kannst du auch noch einen oder zwei Türme oder eine andere beliebige Figur mit ins Spiel bringen. Das sorgt dann für Abwechslung und noch mehr Spaß. Eine wirklich gute Möglichkeit, sich nach und nach mit den verschiedenen Spielfiguren vertraut zu machen und ins Schachspiel „reinzuschnuppern".

Räuberschach – mit viel Strategie zu einer gelungenen Schlacht

Räuberschach ist eine relativ brutale Variante des klassischen Schachspiels, macht aber auf jeden Fall Spaß.

Die Variante wird häufig auch „Anti-Schach" genannt, du wirst bestimmt gleich verstehen, weshalb.

Ziel des Spiels ist es, alle seine Figuren loszuwerden. Ja, du hast richtig gelesen! Wer zuerst keine einzige Figur mehr auf dem Feld hat, geht als Gewinner hervor.

Es besteht Schlagzwang: Wenn du eine Figur deines Gegners schlagen kannst, musst du das auch tun.

Deine Strategie sollte also daraus bestehen, möglichst erfolgreich Kamikaze mit deinen Figuren zu betreiben.

Bei diesem Spiel steht der Spaß im Vordergrund, eine gute Strategie solltest du aber dennoch auch hier haben. Nach ein paar Partien hast du den Dreh bestimmt raus!

Chess960 – Jede Partie ist anders

(Chess bedeutet einfach Schach auf Englisch.)

Chess960 besteht aus 960 Varianten, die jedes Mal aus einer anderen Aufstellung der Figuren zu Beginn der Partie besteht.

Warum 960? Weil es insgesamt 960 verschiedene Möglichkeiten gibt, die Figuren aufzustellen.

Diese Variante lebt davon, dass die Figuren zu Beginn beliebig aufgestellt werden (meist wird gelost). Die Bauern stehen dennoch auf ihren üblichen Plätzen und die schwarzen und weißen Figuren stehen symmetrisch zueinander. Ansonsten hat man relativ freie Wahl.

Vor allem in der Eröffnungsphase ist es besonders spannend und abwechslungsreich, einfach eine neue Stellung auszuprobieren.

Die gewohnten Schachregeln bleiben ansonsten bestehen.

Die Vorgabepartie – Wenn Spieler mit unterschiedlichen Niveaus zusammen spielen sollen

Vorgabepartien sorgen dafür, dass auch Spieler mit völlig verschiedenen Schach-Niveaus gut und spannend miteinander Schach spielen können.

Wie das funktioniert? Ganz einfach: Dem schwächeren Spieler wird zu Beginn der Partie ein Vorteil zugestanden, mit dem er seine Schwäche oder mangelnde Erfahrung wieder wett machen kann. So bleibt er trotzdem motiviert und kann noch viel vom stärkeren Spieler lernen.

Es gibt zwei Varianten: Entweder wird der Nachteil durch mehr oder bessere Figuren oder aber durch mehr Zeit ausgeglichen.

Das bedeutet, dass der stärkere Spieler entweder mit weniger Figuren startet, also zum Beispiel ohne Türme oder mit nur einem Läufer. Welche Regeln ihr hier festlegt, bleibt euch selbst überlassen. Oder aber der Bessere von euch beiden bekommt, wenn ihr auf Zeit spielt, weniger Bedenkzeit.

Diese Variante sorgt dafür, dass du trotzdem motiviert spielen kannst, wenn du gegen jemanden antrittst, der deutlich besser ist als du. Probiere es doch einfach aus! Am Anfang kann es relativ schwierig sein, einzuschätzen, wie groß der Vorteil für den Anfänger, bzw. der Nachteil für den Fortgeschrittenen sein muss, damit es Spaß macht und die Partie trotzdem fair ist.

Tandemschach – Eine Herausforderung auch für Profis

Tandemschach ist relativ anspruchsvoll und es gibt mehrere verschiedene Varianten. Ich stelle dir hier die häufigste Spielweise vor.

Generell besteht das Spiel daraus, dass zwei Zweierteams an zwei Schachbrettern gegeneinander spielen. In einem Team spielt einer der Spieler mit den hellen und einer mit den dunklen Figuren.

Wenn eine Figur geschlagen wird, kann derjenige, der sie geschlagen hat, sie an seinen Teampartner weitergeben, der sie dann gegen seinen eigenen Gegner einsetzen kann.

Die Figuren, die auf diese Art eingesetzt werden, dürfen auf jedes beliebige (freie) Feld gesetzt werden, sogar so, dass sie Schach, bzw. Matt setzen können. Schlagen dürfen sie jedoch nicht direkt im ersten Zug, erst in den anschließenden Zügen. Bauern dürfen nicht auf den Grundreihen eingesetzt werden, das ist auch eine wichtige Regelung.

Beim Tandemschach wird eigentlich immer mit Schachuhr gespielt. Gewonnen hat entweder das Team, dem es als erstes gelingt, einen König Matt zu setzen oder das Team, dessen Zeit nicht abgelaufen ist.

Tandemschach ist wirklich anspruchsvoll und es dauert eine ziemlich lange Zeit, bis man den Dreh heraus hat. Außerdem ist es ziemlich schwierig, drei weitere Spieler zu finden, die zeitgleich Lust und Zeit haben, Schach zu spielen.

Es ist besonders spannend, Tandemschach zu spielen, weil man nicht nur die aktuelle Situation auf dem „eigenen" Schachbrett im Auge behalten sollte, sondern gleichzeitig im Blick haben muss, was in der parallellaufenden Partie passiert.

Außerdem muss man vor jedem Zug überlegen, ob das Schlagen einer Figur für den Teampartner sinnvoll ist oder nicht, und eventuell, welche Figur der Partner am dringendsten benötigt. Deswegen muss man teilweise auch lernen, zurückstecken zu können, um dem Partner so einen Vorteil ermöglichen zu können, der dem eigenen Team den Sieg beschert.

Tandemschach hilft dir also nicht nur dabei, dein eigenes Können im Schach und deine Strategie zu verbessern, sondern wird dir auch zeigen, wie du am besten mit deinem Teampartner zusammenarbeiten und wie du dich auf andere Menschen verlassen kannst. Du wirst also auf viele verschiedene Arten etwas davon haben.

Am wichtigsten ist aber, dass Tandemschach jede Menge Spaß macht und immer wieder spannende Abwechslung bietet.

Der ganz besondere Kick – Unterwasserschach

Wenn du einmal Lust hast, etwas wirklich Ungewöhnliches auszuprobieren, solltest du dir Unterwasserschach genauer ansehen.

Ja, du hast richtig gelesen! Diese Art des Schachspiels gibt es tatsächlich und es gibt sogar Meisterschaften und Turniere.

Unterwasserschach wird mit speziell dafür angefertigten Spielbrettern und Figuren auf dem Boden eines Schwimmbeckens im schultertiefen Wasser gespielt. Die Figuren halten mit Magneten auf den Spielbrettern und können so nicht davonschwimmen oder an die Oberfläche treiben.

Es gelten dieselben Regeln wie für das klassische Schach.

Die Spieler tauchen beim Unterwasserschach immer abwechselnd für ihre Züge unter. Zeit, über ihren Zug nachzudenken haben sie dann nur so lange, wie sie die Luft anhalten können. Die Regel ist, dass ein Spieler immer sofort abtauchen muss, wenn der andere an die Oberfläche kommt.

Das kann dann auch als Taktik genutzt werden: Je schneller du deine Züge machst, desto weniger Zeit zu atmen hat dein Gegner und desto schlechter wird er sich konzentrieren können.

Unterwasserschach ist also wirklich nicht nur ein Denksport, sondern ein richtiger Sport, der körperliche Disziplin und Training voraussetzt.

9

Was ich dir noch mit auf den Weg geben möchte – Schlusswort

Ich hoffe, dass dir dieses Buch gefallen und dich dazu motiviert hat, Schach auszuprobieren und deine Fähigkeiten immer weiter zu steigern. Ich hoffe, du hast viel Neues für dich mitgenommen und fühlst dich jetzt gut vorbereitet.

Vielleicht hast du ja sogar schon deine ersten Partien gewonnen und zeigen können, welches Talent in dir steckt.

Wenn nicht, ist das auch nicht schlimm. Es ist noch kein Meister vom Himmel gefallen und alle fangen einmal klein an.

Ich hoffe, dass du auch die Fakten „drumherum“ interessant fandest und dabei viel lernen konntest.

Ich möchte mich bei dir dafür bedanken, dass du das Buch bis zum Ende durchgelesen hast. Vielleicht hat es dir ja sogar so gut gefallen, dass du deinen Freundinnen und Freunden davon erzählst und es ihnen ebenfalls, zum Beispiel zum Geburtstag, schenkst.

Wenn du bisher nicht das Gefühl hattest, dass Schach „deine Welt“ ist und du vielleicht frustriert bist, weil du bisher kein Spiel gewinnen konntest: Bleib am Ball, es lohnt sich wirklich!

Wenn du einmal den Dreh heraushast, wird es bestimmt auch dir Spaß machen.

Manchmal brauchen Dinge eben etwas Zeit. Vielleicht macht es dir auch mehr Spaß, wenn du gemeinsam mit einem Freund oder einer Freundin anfängst, Schach zu spielen.

Liebe Leserin, lieber Leser,

hat Ihnen dieses Buch gefallen? Wir freuen uns über Ihre Verbesserungsvorschläge, Kritik und Fragen zum Buch.

Die Meinung und Zufriedenheit unserer Leserinnen und Leser ist uns sehr wichtig.

Kontaktieren Sie uns deshalb gerne und schreiben uns eine E-Mail an ***feedback@eulogiaverlag.de***

Wir freuen uns auf Ihre Nachricht.

Herzlichst

Ihr Eulogia Verlags Team